外国語科 英語コース	近隣語各コース	普通科 理系コース	文系コース	演劇科
・SE(スーパー イングリッシュ)クラス	・中国語コース ・ロシア語コース	・S(サイエンス)クラス	・文系クラス	
・海外大学留学クラス	・韓国語コース ・タイ語コース	・AS(アドバンスト サイエンス)クラス	・外国人生徒対象クラス	
・AE(アドバンスト イングリッシュ)クラス	・インドネシア語コース ・ベトナム語コース			

難関大学合格者数大幅アップ！ 入学後の「伸び」こそが、KANTOの魅力です

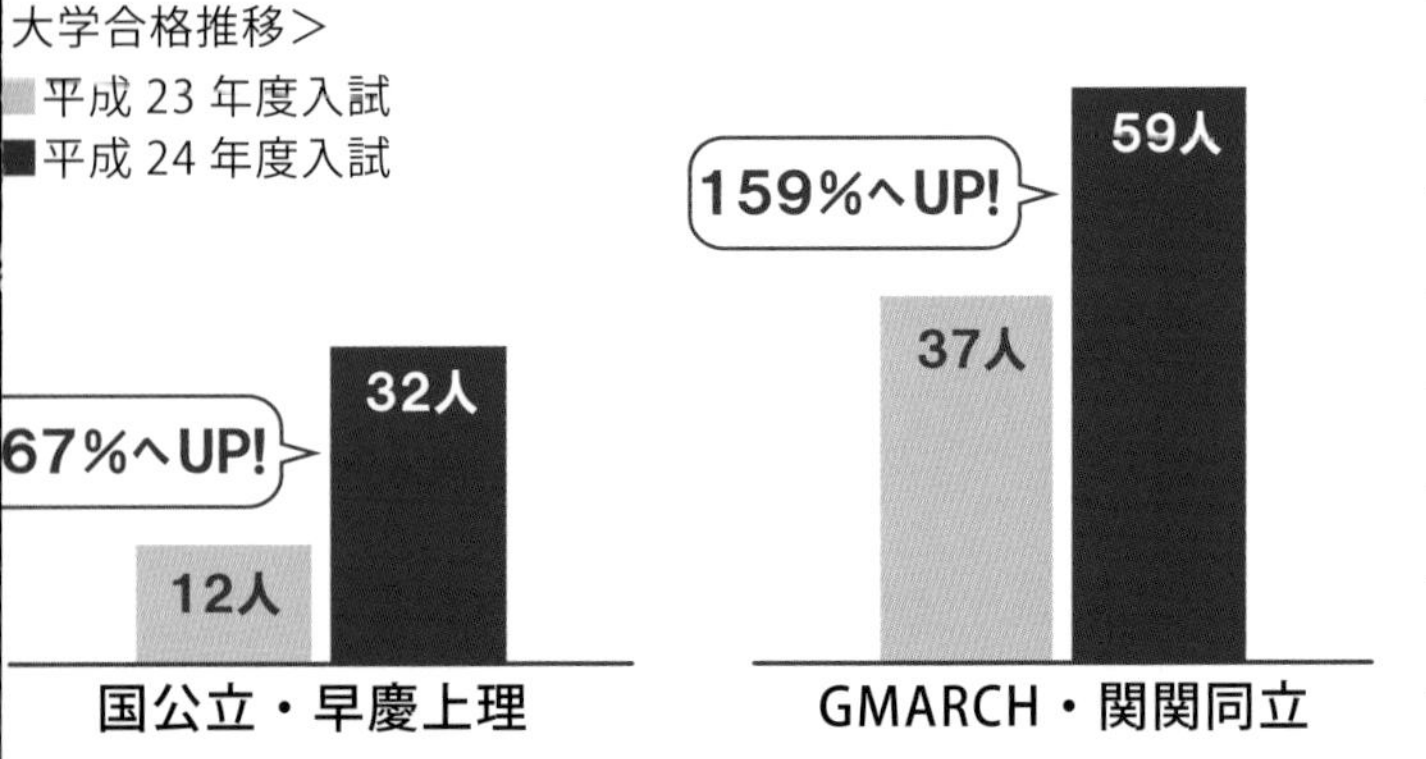

上智大学	18名	早稲田大学	9名
慶應義塾大学	2名	東京理科大学	1名
明治大学	5名	青山学院大学	12名
立教大学	7名	中央大学	7名
法政大学	18名	学習院大学	4名
東京藝術大学	1名	横浜市立大学	1名
海外難関大学	25名	セントアンドリュース大学 ロンドン大学クイーン・メアリー校 ほか	

平成24年度入試合格実績

入試説明会］中学生・保護者対象　※予約不要　詳細はホームページをご覧ください。

◎10月13日（土）本校にて午後2時開始
◎11月10日（土）本校にて午後2時開始
◎12月2日（日）本校にて午前10時開始・午後2時開始
◎12月8日（土）本校にて午前10時開始・午後2時開始

関東国際高等学校

〒151-0071 東京都渋谷区本町3-2-2
TEL. 03-3376-2244　FAX. 03-3376-5386
http://www.kantokokusai.ac.jp

Success15 fifteen 10

サクセス15
October 2012

http://success.waseda-ac.net/

CONTENTS

開成・慶女・国立附属・早慶附属受

中3 必勝コース

必勝5科コース 筑駒クラス 開成国立クラス

必勝3科コース 選抜クラス、早慶クラス 難関クラス

講師のレベルが違う

必勝コースを担当する講師は、難関校の入試に精通したスペシャリスト達ばかりです。早稲田アカデミーの最上位クラスを長年指導している講師の中から、さらに選ばれたエリート集団が授業を担当します。教え方、やる気の出させ方、科目に関する専門知識、どれを取っても負けません。講師の早稲田アカデミーと言われる所以です。

テキストのレベルが違う

私立・国立の最上位校は、教科書や市販の問題集レベルでは太刀打ちできません。早稲田アカデミーでは過去十数年の入試問題を徹底分析し、難関校入試突破のためのオリジナルテキストを開発しました。今年の入試問題を詳しく分析し、必要な部分にはメンテナンスをかけて、いっそう充実したテキストになっています。毎年このテキストの中から、そっくりの問題が出題されています。

クラスのレベルが違う

※No.1 表記は 2012 年 2 月・3 月当社調べ

必勝コースの生徒は全員が難関校を狙うハイレベルな層。同じ目標を持った仲間と切磋琢磨することによって成績は飛躍的に伸びます。開成 88 名合格（5 年連続全国 No.1）、慶應女子 78 名合格（4 年連続全国 No.1）、早慶附属 1494 名合格（12 年連続全国 No.1）でも明らかなように、最上位生が集う早稲田アカデミーだから可能なクラスレベルです。早稲田アカデミーの必勝コースが首都圏最強と言われるのは、この生徒のレベルのためです。

必勝コース実施要項

日程

- **9 月** 9日・16日・17日（月・祝）・23日
- **10 月** 9月30日・7日・14日・21日
- **11 月** 3日（土・祝）・11日・18日・25日
- **12 月** 2日・9日・16日・23日（日・祝）
- **1 月** 13日・14日（月・祝）・20日・27日

毎週日曜日 全 20 回

時間・料金

必勝5科コース 筑駒 開成国立 クラス
［時間］9:30～18:45（英語・数学・国語・理科・社会）
［料金］30,000円/月

必勝3科コース 選抜 早慶 難関 クラス
［時間］13:30～18:45（英語・数学・国語）
［料金］21,000円/月

※入塾金 10,500円
（基本コース生は不要）
※料金はすべて税込みです。

■ 2012 年高校入試

12年連続 全国 No.1 早慶附属高（2次） 1494 名合格！（7校定員 約1720名）

5年連続 全国 No.1 開成高（東大合格者数最多） 88 名合格！（定員100名）

4年連続 全国 No.1 慶女高（女子私立最難関） 78 名合格！（定員100名）

全国 No.1 筑駒高（首都圏最難関） 20 名合格！（定員約40名）

都立最難関 都立日比谷高 67 名合格！

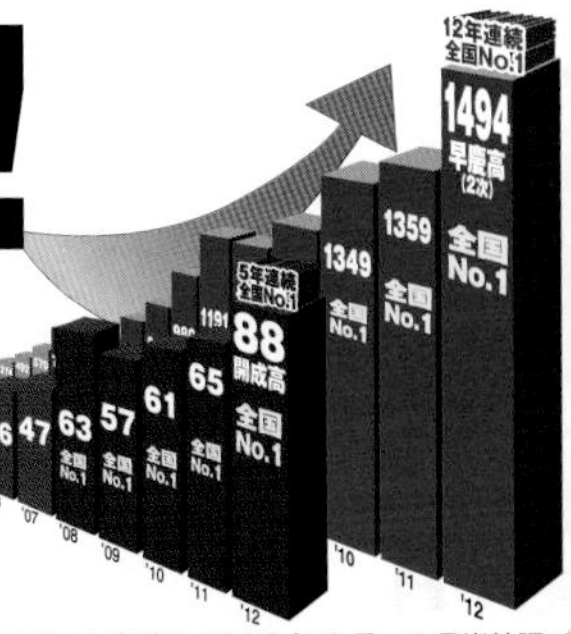

※No.1 表記は 2012 年 2 月・3 月当社調べ

information
ーインフォメーションー

早稲田アカデミー
各イベントのご紹介です。
お気軽にお問い合わせください。

早稲アカ 秋フェス 保護者対象 進学講演会 無料

最新の入試情報をタイムリーに。
必要な情報、有益な情報をわかりやすく。

早稲田アカデミーでは、毎年秋に有名高校の校長先生や入試担当の先生をお招きし、最新の学校情報や入試情報についてお話しいただく「進学講演会」を実施しております。昨年は、延べ4,000名以上の保護者の方にご参加いただきました。

今年も人気の附属・系属高校や注目を集める都県立高校の先生方にお越しいただきます。お子様方の進路を決定する上で、とても貴重な機会となるはずです。皆様のご参加をお待ちしております。

要予約　**入場無料**

詳細・お申し込みは、早稲田アカデミー各校舎、またはホームページにて。

↓

入場券を発行致します。

※ 定員になり次第、締め切ります。お早めにお申し込みください。
※ 講演校は五十音順です。内容は若干変更する場合がございますので、あらかじめご了承ください。

9/26（水）千葉県難関私立高校進学講演会
10：00～11：40
会　場▶きららホール（船橋駅）
講演校▶市川・渋谷幕張・東邦大東邦

10/4（木）早大学院・立教新座高校進学講演会
10：00～11：40
会　場▶なかの ZERO（中野駅）
講演校▶立教新座・早稲田大学高等学院

10/5（金）埼玉県公立トップ校進学講演会
10：00～15：10
会　場▶大宮ソニックシティ（大宮駅）
講演校▶浦和・浦和第一女・大宮・春日部・川越
川越女子・さいたま市立浦和

10/18（木）中大系高校進学講演会
10：00～11：40
会　場▶なかの ZERO（中野駅）
講演校▶中央大学・中央大学杉並・中央大学附属

10/24（水）青学・ICU・法政・明大明治高校進学講演会
10：00～12：10
会　場▶小金井市民交流センター（武蔵小金井駅）
講演校▶ ICU・青山学院・法政大学・明大明治

10/24（水）早大系高校進学講演会
14：00～16：00
会　場▶小金井市民交流センター（武蔵小金井駅）
講演校▶早稲田大学本庄・早稲田実業

中1～中3保護者対象
難関都立高校進学講演会

10/10（水）第1回難関都立高校進学講演会
10：00～11：40
会　場▶いずみホール（西国分寺駅）
講演校▶国立・立川・八王子東

10/11（木）第2回難関都立高校進学講演会
10：00～11：40
会　場▶文京シビックホール（後楽園駅）
講演校▶青山・駒場・三田

10/17（水）第3回難関都立高校進学講演会
10：00～11：40
会　場▶星陵会館（永田町駅）
講演校▶戸山・西・日比谷

お気軽にお問い合わせください。　**早稲アカ紹介DVDお送りします**

「日曜特訓講座」「志望校別模試」「作文コース」に関するお申し込み・お問い合わせは最寄りの早稲田アカデミーまたは **本部教務部 03（5954）1731** まで

一流中学
高校受験
早稲田アカデミー

The Universit
of Toky
Vol.020
text by Tommy

東大への近道

自分を知り努力すべきことを考えよう

こんにちは。約40日間の夏休みも、あっという間に終わってしまいましたね。時間の長い短いというのは、人それぞれ感じ方がまったく異なるそうです。「歳をとると時間が経つのが早い」という人が多いようですが、やはりたくさん経験を重ねるほど、密度の濃い時間を過ごせるのかもしれませんね。

そう考えると、受験生は2月に控える試験まであっという間に経ってしまうことが容易に想像できますね。今回は夏休みの経験をふまえて、これから秋冬にどう生活を作っていくかを考えていきましょう。

この記事を読んでくださっているみなさんは、8月末から9月前半にかけて期末試験や実力試験を受けた人が多いかと思います。夏休みの集大成として、言い訳のできない環境で力試しができるということはとてもよいことですよね。

秋冬に向けてまずやるべきことは、なんといっても自分を知ることです。いままでのように「今回は忙しかったから…」という言い訳はいっさいなしです！等身大の自分を認めて、これからどんな努力をしていくべきかを考えることは、想像以上につらく厳しいことだと思います。

しかし今年はラッキーです。なぜならば、ロンドンオリンピックで活躍した多くの選手を目にすることができたからです。

どの競技に参加した選手もみな、世界という舞台で闘うにあたって自分に欠けているところを見つけ出し、4年間努力し続けた結果、すばらしいパフォーマンスができたということはみなさんの目にも明らかだと思います。受験に対する努力も先の見えない遠いゴールをめざすものですが、ぜひ継続力という点でアスリートの方々から学び取れるものを探してみましょう。

秋冬にやるべき2点目は、「がむしゃらにやって自分のキャパシティを知る」ということです。

みなさんは1日何時間まで勉強できると思いますか？「そんなの起きている時間全部勉強できるよ！」と思うかもしれませんが、人間の集中力は案外短いものです。自分の限界（=キャパシティ）を知ることによって、いまは高すぎると思う目標であっても、秋冬にぐんと近づくことができるようになるのです。

オリンピックの特集で一流のアスリートの練習法を見て、1つ気づいたことがあります。それは、練習漬けの毎日のなかでも、リラックスのための「オフの時間」をきっちりとっていることです。限界を知っているからこそ、練習（=オン）と遊び（=オフ）をうまく組み合わせて、毎日を充実させているのだと再確認しました。

秋冬にやるべき3点目のポイントは、「逆境を楽しむ努力をする」ことです。

正直、テスト前になればだれもがつらく苦しい状況におかれます。これを楽しむためには、やはり多大な努力が必要です。アスリートは「乗り越えたら自分にこんなご褒美をあげよう」とか、「いま頑張ればきっと将来笑える」と何度も心で唱えるそうです。

試験が迫ってくる秋冬だからこそ、自分を励ます努力は欠かせません。え、今回の記事はオリンピックの話ばっかりだって？ 私もまだまだ夏休み気分が抜けないんです！ やはり切り替えが肝心ですね！

▶▶▶ オリンピックの選手から学ぶ

知る・探る・究める
栄東のアクティブ・ラーニング!!!
Active Learning
◆海外ALinアメリカ
ボストンの
ミルトンハイスクールで
異文化コミュニケーション!!
◆校外ALin気仙沼
東北大学の今村教授と
気仙沼の巡検から学ぶ津波学!!
ゴア元副大統領主催の
グローブ活動にも参加
◆海外ALinオーストラリア
シドニーの
チャッツウッドハイスクールで
体験授業!!
◆海外ALinイギリス(スワネージ)
ホームステイで
楽しい異文化交流!!
◆校外ALin三宅島
千葉大学の津久井准教授と
三宅島の巡検から学ぶ火山学!!
文部科学省SPP指定校
◆吹奏楽部
関東大会銀賞!! 学芸大学と慶應合格!!!
◆水泳部
温水プールで全国大会第2位!!
東大文Ⅱ合格!!!
(経済学部)
顧問は北島康介のライバル!!!
◆野球部
県大会準優勝!!
キャプテンは東大!!
8年生全員が国立・早稲田へ!!!
◆校外 ALin 箱根
ALプレゼンテーション
ALグループワーク
◆箏曲部
県大会 金賞!! 部長は千葉大へ!!!
(邦楽祭)
◆サッカー部
部長は一橋大!!! 副部長は東北大へ!!!
顧問は
東京大学サッカー部出身!!!
◆チアダンス部
USA Regional 大会に出場し国立大・早慶へ!!!
ALL JAPAN CHEER DANCE 大会に出場!!!
◆アーチェリー部
国体に出場して東大文Ⅲに合格!!!
全国大会優勝!!
ナショナルチームに2名選抜!!
◆ソフトボール部
県大会優勝!!
東京大学5年連続現役合格!!!
◆茶道部
新潟大学医学部医学科へ進学!!!
◆硬式テニス部
関東大会 ベスト16!! キャプテンは東大へ!!!
(女子)
◆コーラス部
全国金賞!! NHK全国大会第8位!!!
Tokyo Disney Sea コロンビア号特設
ステージに出演!!!
栄東中学・高等学校
〒337-0054 埼玉県さいたま市見沼区砂町2-77(JR東大宮駅西口 徒歩8分) ◆入試広報センター TEL:048-666-9200

普通科とひと味違う!
専門学科で深く学ぼう

みなさんは〝専門学科〟をご存じですか? どんなことを勉強するの? どういう高校生活を送るの? そんな疑問を解決するべく、今月号では〝専門学科〟に注目し、詳しい説明や先生に伺ったお話をご紹介します。そこには生徒の〝好き〟や〝得意〟を活かした、専門学科だからこそできる学びと経験がありました。

専門学科ってなんだろう?

**みなさんは〝専門学科〟という言葉を聞いたことはありますか?
高校受験において、受験してみようとみなさんが考えている学校の多くは
いわゆる〝普通科〟と呼ばれる学校です。
それに対して〝専門学科〟は、〝普通科〟とはひと味違う特徴を持っています。
いったい〝専門学科〟は〝普通科〟とどう違い、どんなことを勉強しているのでしょうか。**

〝専門学科〟とは、「専門教育を主とする学科」のことで、ある分野について重点を置いたカリキュラムを持つ学科のことです。

その分野は農業、工業、商業、水産、家庭、看護、情報、福祉、理数、体育、音楽、美術、外国語、国際関係などで、これらのほかにもさまざまな学科が用意されています。

そして、こうした学科を設置する学校も、また、いくつかの形をとっています。みなさんがすぐにイメージできるのは、いわゆる○○商業高校、○○工業高校など、学校名にその学科名が入っている学校ではないでしょうか。

そのほか、普通科と専門学科を併設している学校や、いくつかの専門学科を合わせ持っている学校などがあります。

普通教育をより深く学べる

かつての専門学科といえば、農業、工業、商業、水産など、職業訓練や資格取得を助けるための学科としての側面が強かったのですが、現在はそればかりではありません。理数、外国語、国際関係など、普通教育をより深く、高度に学ぶために設置されている学科が増えているのです。

こうした学科では、普通科とほぼ変わらない主要科目の授業時間数を確保しつつ、その専門学科の授業時間をより多く、カリキュラムをより高度にしています。例えば、理数科に入れば理科や数学の勉強ばかりをするということではなく、国語や英語、社会や芸術科目の勉強も行いながら、普通科では受けられないような理数に関する教育を受けることができるということです。

ですから、みなさんが高校受験の段階で、将来こんな分野の勉強をしてみたい、こんな仕事についてみたいという考えを持っていて、それに合った専門学科の学校がある場合には、学校選択の際にとても魅力的な選択肢の1つになるでしょう。

また、将来についてそこまでは決まっていない人も多くいることでしょう。そんな人でも、「理数系や外国語に興味がある」、「芸術系や体育をもっと思いきり学んでみたい」という人は、やはり候補の1つとして考えてみてもいいのではないでしょうか。

具体的な例として、14ページからは、千葉県立船橋高の理数科と、神奈川県立横浜国際高の国際情報科を取り上げて、実際にどんな内容の学習が行われているかを紹介しています。

普通科に専門的なコース設置も

近年は専門学科としてではなく、普通科のなかにコースとして専門的なカリキュラムを設定する学校も増えています。「普通科理数コース」といった形です。専門学科と合わせて、こうした学校もあるということを、みなさんが志望校を選ぶ際に頭の片隅に置いて考えてみてはいかがでしょうか。

千葉県教育委員会に聞きました！

高校改革の新コース・学科は職業を意識したものに

千葉県教育庁企画管理部
県立学校改革推進課主幹
兼高校改革プラン推進室長
大森 英一

2012年3月、千葉県教育委員会は県立学校改革推進プランを打ち出しました。時代に応じた改編を続ける千葉の高校教育について、千葉県教育庁企画管理部県立学校改革推進課主幹の大森英一さんにお話を伺いました。

千葉県では、高校再編など10年ごとに県立学校のあり方をまとめています。今回発表したものは2012年度を初年度として、2021年度末を目標年次としたプランです。これは、約2年間、外部委員20人で構成する懇談会を作り、「魅力ある県立高等学校づくり」の議論を重ねてできたものです。

現在、フリーターやニートなどの職業観の希薄化や非正規雇用者の増加が社会問題になっています。千葉県では、もっと自立した人材の育成を進めていくために、高校段階で職業を意識したコースを普通科に作ることにしました。

千葉女子、安房に「教員養成コース」を、東葛飾に「医歯薬コース」、長狭《ながさ》に「医療・福祉コース」、柏井に「国際コミュニケーションコース」、佐倉に「理数に関する学科」を設置します。

佐倉以外は普通科のコースなので、文系・理系を選ぶように入学してからコースを選択する形になります。

それぞれのコース・学科について、教育内容に関してはまさにいま学校と詰めている段階です。

「教員基礎コース」では、小中学校と連携して教育現場を見たり、大学と連携して教育学を学ぶにあたって必要な資質を考える出前講座などを検討しています。

「医歯薬コース」では、病院などでインターンシップをやらせてもらったり、医療現場の見学など、受験指導だけではなく実際に体験することによって、医療現場で働くとはどういうことなのかを肌で感じ、興味・関心を高めていきたいと考えています。

佐倉の「理数に関する学科」の設置は、学校側が理系強化を進めたいという思惑があったので、それを支援する形で設置が決まりました。これにより、千葉県には地域にバランスよく理数科ができました。

できるだけ早い段階から職業に関する目的意識を組み立てることによって、子どもの自立を促していけるのではないかと考えています。

「医歯薬コース」が設置される県立東葛飾

東京・神奈川・千葉・埼玉のおもな「専門学科」設置校（抜粋）

※理数・外国語・国際に関する学科は除く

東京

都立	公立	保健体育科	
都立総合芸術	公立	音楽科など	
都立多摩科学技術	公立	科学技術科	
関東国際	私立	演劇科	
国立音楽大学附属	私立	音楽科	
東京音楽大学付属	私立	音楽科	
桐朋女子	私立	音楽科	

神奈川

県立弥栄	公立	芸術科など	単位制
市立横須賀総合	公立	総合学科	単位制

千葉

県立幕張総合	公立	看護科	単位制
県立千葉女子	公立	家政科	
聖徳大学附属女子	私立	音楽科	

埼玉

県立春日部東	公立	人文科	
県立常磐	公立	看護科	
県立上尾	公立	商業科	
市立川口	公立	国際ビジネス科	
市立川越	県立	情報処理科	

もっと知りたい!! 専門学科 Part 1

千葉県立船橋高等学校

理数科

School Data
Address：千葉県船橋市東船橋6-1-1
T E L：047-422-2188
Access：JR総武線「東船橋」徒歩7分、
京成電鉄「船橋競馬場」徒歩12分

千葉の公立高校有数の進学校である千葉県立船橋高等学校（県立船橋）には、普通科のほかに専門学科である理数科が併設されています。

県立船橋の理数科は、国語・社会・英語は普通科なみの授業時間数を確保しながら、理科・数学の時間を普通科に比べてかなり多く履修できるところにカリキュラム上の特徴があります。

担当する吉田昭彦先生は、県立船橋の理数科について「物理・化学・生物・地学の理科4科目すべてを学べることに加えて、理科・数学に関して、普通科では学べない深いところまで学ぶための『探究活動』を重視しています。そのために行ってきたのが『課題研究』です」と説明されます。この「課題研究」とは、科学研究のおもしろさとやりがいを生徒につかんでもらうことを目的に、理数に関する課題を設定し、研究・発表を行うものです。

県立船橋理数科の生徒は、この探究活動を通して、普通科ではできない貴重な経験を積んできたのですが、それが2009年（平成21年）のスーパーサイエンスハイスクール（以下、SSH）指定によって、さらにグレードアップしたそうです。

「このSSH指定によって、課題研究に使える時間数は約2倍に増えました。それ以外にも、理科・数学それぞれの授業時間数も増えています。」（吉田先生）

段階を経ながら本格的に実施する課題研究

現在、課題研究は1・2年生で週2時間実施されていて、1年次は前期（県立船橋は2期制）に研究や実験の基礎スキルを身につける「基礎実習」があります。それを経てテーマを設定し、比較的短期間で完結するような基礎的なグループ研究を行い、最後にグループごとに研究発表があります。

2年生では個人を中心に（グループも可）、より本格的な研究に取り組みます。これはほぼ1年間をかけた研究で、中間発表をはさみながら、最後には研究についての本格的なプレゼンテーションが行われます。クラス、学年の発表を経て、最終的に千葉県の高校生が集まる発表会に参加することになります。3年生でも希望者は研究をさらに継続することができます。例年10～15人ほどが継続します。

独自の学習プログラムもより充実

理科・数学それぞれの授業時間数が増え、課題研究にもより深く取り組めるようになったこと以外にも、「野外実習」、「高大連携事業」、「たちばな理科学会」創設といった学習プログラムもSSH指定によって可能になりました。

「野外実習」は理数科の1年生を対象（普通科1年生の希望者も若干名参加）に、夏休みの宿泊行事として南房総において生物・地学分野のフィールドワーク実習を行います。

「高大連携事業」は、特定のテーマに関する体験的な講座を大学の教員や博物館、企業などの専門家を招いて1年に15回ほど実施したり、通常の理科の授業に大学の教員を招き、そのときどきの授業内容により深みを与えてもらったりと、かなり

県立船橋で理数科を担当する吉田昭彦先生

頻繁に行われるのが特徴です。

「たちばな理科学会」は２０１０年（平成22年）に立ちあげられたもので、県立船橋の自然科学系部活動が連合していろいろなイベントを実施したりしています。

実験などを見学しあうことで刺激を受けたり、アドバイスを送ったりと、『みんなで科学を楽しむ』という雰囲気が出きてきました。」（吉田先生）

県立船橋に限らず、理数科が設置されている学校では、日々の授業やさまざまな学習プログラムで理科・数学をより深く学ぶことができます。

「本校でも、ただ理科や数学が好きだったというだけの生徒が、理数科での3年間を通して、はっきりと『こんな研究や勉強がしたい』とヴィジョンを持って進路を選んでいくようになります。実験や観察、夏休みの自由研究が好きという生徒さんには、ぜひ理数科で学ぶということを考えてみてもらいたいと思います。」（吉田先生）

生徒が語る

県立船橋理数科の魅力

県立船橋理数科の３年生で、高校生科学技術チャレンジ（JSEC）のファイナリストである氏家和也くん（写真右）と多田将人くんに、県立船橋理数科の魅力を語ってもらいました。

氏家くん—元々理系の道に進みたいと考えていて、理数科があり、さらにSSHに指定されていることから県立船橋を選びました。

多田くん—理数の勉強はもちろん、自分たちで小学生に実験を教えたり、いろいろな発表をしたりする機会があることを知り、さまざまなスキルも身につけられると思ったのがキッカケです。

氏家くん—実際に入学してみると、想像していたよりも設備が整っていて驚きました。大学にあるような設備も多いんです。また、理数科といっても国語・社会・英語もしっかりと勉強できるので、それもよかったです。

多田くん—SSH指定校ということもあって、普通科ではやらない、奥深くに入っていくような勉強ができます。ぼくは数学が好きなのですが、教科書以外に使うプリントなどもおもしろいです。

氏家くん—課題研究の発表前は、その準備にかなり時間を取られます。夜遅くまでデータを取ったり、論文を書いたりする必要があるので大変ですが、高校のうちからこんなことはなかなか経験できませんから。

多田くん—そうやってできた研究結果が形になったものを見ると「頑張ったな、やったな」って思えます。

氏家くん—今年はそれが評価されて全国大会まで残れたのは本当にうれしかったですね。

東京・神奈川・千葉・埼玉の おもな「理数に関する学科」設置校（抜粋）

東京

日本大学豊山女子	私立	理数科	
宝仙学園共学部理数インター	私立	理数科	

千葉

県立柏	公立	理数科	
県立柏の葉	公立	情報理数科	
県立佐原	公立	理数科	
県立匝瑳	公立	理数科	
県立長生	公立	理数科	単位制
県立成東	公立	理数科	
県立船橋	公立	理数科	単位制
市立千葉	公立	理数科	単位制
市立銚子	公立	理数科	単位制

神奈川

県立弥栄	公立	理数科	単位制
市立川崎総合科学	公立	科学科	
市立横浜サイエンスフロンティア	公立	理数科	単位制
桐蔭学園	私立	理数科	

埼玉

県立大宮	公立	理数科
県立越谷北	公立	理数科
県立熊谷西	公立	理数科
県立松山	公立	理数科
西武学園文理	私立	理数科

もっと知りたい!!
専門学科 Part2

神奈川県立横浜国際高等学校

国際情報科

School Data
Address：神奈川県横浜市南区六ツ川1-731
T E L：045-721-1434
Access：京浜急行「弘明寺」徒歩20分、
京浜急行・横浜市営地下鉄「弘明寺」・
JR横須賀線「戸塚」バス

神奈川県立外語短期大学付属高等学校と神奈川県立六ツ川高等学校が統合し、2008年（平成20年）に完成した神奈川県立横浜国際高等学校（以下、横浜国際）は、国際情報科のみの単位制専門高校です。

　カリキュラムは外国語教育の専門高校であった外語短大付属高校のものをベースとしているため、基本的には他校の外国語科や国際科と同じように外国語教育、国際教育に重点が置かれています。

　ただ、必修科目にも選択科目にも「情報」について学べる科目が用意されていたり、4つのパソコン教室などICT教育に最適な施設が整っているのが「国際情報科」としての特徴です。

「これからの社会は国際化、ICT（情報通信技術）化がますます進んでいくでしょう。それに対応して、国内はもちろん、国際社会で活躍できる人材を育てます。そのために必要なスキルとして、語学、ICT活用能力に加え、日本の文化などにも関心を持ち、それを世界に発信できる能力も養成します。」（伊藤敬教頭先生）

多角度から外国語・国際文化を学べる豊富な選択科目

　横浜国際の特徴は、なんといっても外国語教育、国際教育に関する科目が豊富に用意されているところです。必修科目以外に履修できる選択科目のなかに「国際コミュニケーション系」や「国際文化系」科目があります。

「国際コミュニケーション系」とは、外国語を使って「聞く」「話す」「読む」「書く」を高度に実践できる能力を育て、同時にコミュニケーション能力とICTを活用した情報発信力も育てる科目を集めたものです。

「国際文化系」は日本をはじめ、さまざまな国や地域について学ぶことで、文化・社会情勢を知り、国際社会で通用する教養を身につけるために用意された科目群です。

　どちらも、「ただ語学を勉強するだけで中身がない、ということにならないように多角度から学び、いろいろな知識を身につけるようにしています」と伊藤教頭先生が話されるように、外国語を勉強するだけではなくて、実際に使うことや、外国の人々と接するときに役立つこと、必要なことを学ぶことに重点を置いた科目が多く設定されています。

　1年次は第2外国語が必修となっているのも特色の1つでしょう。ドイツ語・フランス語・スペイン語・韓国語・中国語・アラビア語の6言語から1つを選び、週3時間勉強します。2年次以降は選択科目となり、希望する生徒は続けて履修することができます。

「履修人数が多い順にスペイン語・フランス語・ドイツ語・韓国語・中国語・アラビア語です。6言語で計12人のネイティブの教員がいます。英語もネ

横浜国際の
伊藤敬教頭先生

イティブの教員が10人います。少人数制授業や多くの選択科目が揃っています。」（伊藤教頭先生）

　また、「情報系」という科目群もあり、さらに高いレベルでICTについて学びたい生徒に向けた、専門的な情報教育科目群となっています。

　進路は、文系が圧倒的に多く、約9割を占めます。そのうちの7割程度が語学・国際関係を学ぶ大学・学部を選びます。東京外国語大と高大連携をしていて、多くの生徒が進学を志望しています。

国際交流・異文化体験が日常的にできる！

　カリキュラム面での特徴以外にも、横浜国際では、国際交流や異文化体験の機会を普段から数多く設けています。

　まず、22名の外国人教師が日常的に学校にいて、いつでも会話をし、コミュニケーションをとることができるのは普通科の高校との大きな違いです。

　加えて、帰国子女の入学枠があり、同じ日本人とはいえ、生活・文化圏がまったく異なる国・地域で生活してきた同級生と毎日過ごす日々はお互いにとって貴重な経験となります。

　毎年夏には、2週間にわたるオーストラリアの姉妹校訪問があります。ドイツ・フランス・スペイン・中国・韓国にもそれぞれ姉妹校があり、1年ごとに訪問と受入れを行っています。

　私立高校でもこれだけ多くの姉妹校を持つ学校はそう多くはなく、外国語・国際教育の専門学科校としての強みが発揮されている部分といえるでしょう。

　ほかにも、夏休みに各国の大使館やJICA（国際協力機構）訪問などの特別イベント・講座を体験できる「サマープログラム」や、近くの小学校の英語授業を生徒が行う「小学校英語活動」など、横浜国際ならではのプログラムもあります。

　このように、公立校でありながら、外国語教育や国際関係教育の分野についてかなり深く学べ、そして貴重な経験ができるのが外国語や国際関係に関する学科を設置している学校です。

東京・神奈川・千葉・埼玉の
おもな「外国語・国際関係に関する学科」設置校（抜粋）

東　京

都立国際	公立	国際科	
郁文館グローバル	私立	国際科	
江戸川女子	私立	英語科	
関東国際	私立	外国語科	

千　葉

県立匝瑳	公立	英語科	
県立安房	公立	英語科	
県立松戸国際	公立	国際教養科	単位制
県立成田国際	公立	国際科	単位制
市立稲毛	公立	国際教養科	
国府台女子学院	私立	英語科	
千葉英和	私立	英語科	
千葉国際	私立	国際科	

神奈川

県立弥栄	公立	国際科	単位制
県立横浜国際	公立	国際情報科	単位制
市立橘	公立	国際科	
市立横浜商業	公立	国際科	
聖和学院	私立	英語科	
横浜隼人	私立	国際語科	

埼　玉

県立春日部女子	公立	外国語科	
県立越谷南	公立	外国語科	
県立坂戸	公立	外国語科	
県立不動岡	公立	外国語科	単位制
県立和光国際	公立	外国語科	
県立蕨	公立	外国語科	
西武学園文理	私立	英語科	

数学オリンピックに挑戦!!

数学の頭脳を競いあう数学オリンピック

この夏は世界中がロンドンオリンピックで盛りあがりましたが、世界の中高生を対象にした「国際数学オリンピック（ＩＭＯ）」を知っていますか?

「国際数学オリンピック」は、各国の代表選手によって数学の頭脳を競いあい毎年行われています。日本は１９９０年に開かれた第31回北京大会から出場しています。コンテストは2日あり、3題を1日4時間半、2日で計6題解きます。各国6名の選手団で、個人成績の総合順位で順位が決められます。今年は7月4日～16日の期間、アルゼンチンで開かれ、銀メダル4個、銅メダル1個、優秀賞1で、日本は17位という成績を収めました。コンテストのない日は、国際交流や観光などさまざまなプログラムが用意され、選手たちにとってはかけがえのない経験になっています。

では、この国際数学オリンピックにはどうすれば参加できるのでしょうか。

まず、数学オリンピック財団による日本数学オリンピック（ＪＭＯ）の予選に参加します。これは1月に行われます。対象は高校生以下で、約２８００名が参加します。その成績順に、Ａランクが約１００名、上位50％までをＢランク、残りがＣランクとなります。その後、Ａランクの選手を対象として本戦が行われ、そこで上位約20名が選ばれます。対象が高校生以下のＪＭＯには中学生の参加者も約３００名います。

また、中学生以下を対象にした日本ジュニア数学オリンピック（ＪＪＭＯ）もＩＭＯの代表選考を兼ねており、約１８００名の小中学生が挑戦しています。こちらも上位約１００名がａランクとなり、本戦に進みます。本戦でそのなかから上位5名が選ばれ、ＪＭＯの上位約20名と合わせた約25名が、日本代表6名を選ぶ春の合宿に参加し、代表者が決定します。中学生でも日本代表になることができるのです。

広く認知されてきた数学オリンピック

現在、数学オリンピックは文部科学

〈日本の過去の成績〉

開催年	IMO回数	開催地 都市	開催地 国名	参加国数	参加選手	日本順位	メダル 金	メダル 銀	メダル 銅
1997	第38回	マル・デル・プラタ	アルゼンチン	82	460人	12位	1	3	1
1998	第39回	台北	台湾	76	419人	14位	1	1	3
1999	第40回	ブカレスト	ルーマニア	81	450人	13位	2	4	–
2000	第41回	大田	韓国	82	461人	15位	1	2	3
2001	第42回	ワシントン.D.C	アメリカ	83	473人	13位	1	3	2
2002	第43回	グラスゴー	イギリス	84	479人	16位	1	3	1
2003	第44回	東京	日本	82	457人	9位	1	3	2
2004	第45回	アテネ	ギリシャ	85	486人	8位	2	4	–
2005	第46回	メリダ	メキシコ	91	513人	8位	3	1	2
2006	第47回	リュブリャナ	スロベニア	90	498人	7位	2	3	1
2007	第48回	ハノイ	ベトナム	93	520人	6位	2	4	–
2008	第49回	マドリッド	スペイン	97	535人	11位	2	3	1
2009	第50回	ブレーメン	ドイツ	104	565人	2位	5	–	1
2010	第51回	アスタナ	カザフスタン	96	517人	7位	2	3	–
2011	第52回	アムステルダム	オランダ	101	564人	12位	2	2	2
2012	第53回	マル・デル・プラタ	アルゼンチン	100	548人	17位	–	4	1

〈国際数学オリンピックへの道のり〉

日本数学オリンピック（JMO）予選　1月
約2800名が参加

日本ジュニア数学オリンピック（JJMO）予選　1月
約1800名が参加

Aランク 100名

aランク 100名

日本数学オリンピック（JMO）本戦　2月
約100名が参加

日本ジュニア数学オリンピック（JJMO）本戦　2月
約100名が参加

AAランク 20名

aaランク 5名

春の合宿
25名

VICTORY

国際数学オリンピック
6名

2012年7月に開かれたアルゼンチン大会での日本選手団

省を始め、その活動が広く認められています。受験者数も、2003年に日本でIMOが行われた過去最高数を超えています。

また、日本代表になれなくても、日本数学オリンピックの予選でAランクまたはBランクの成績を収めることで、早大や慶應大などへの特別選抜入学試験制度などの特典もあります。

日本数学オリンピック財団では、国際数学オリンピックのほかに、国際数学競技会（中学生対象）や中国女子数学オリンピック、アジア太平洋数学オリンピックなどにも選手を派遣しています。

東京女子大学の名誉教授であり、数学オリンピック財団の小林一章理事長は「まず、数学を好きになってほしいですね。自分に合った問題を解いていくと、だんだんと好きになっていきます。将来数学者にならなくてもいいけれど、数学が好きになってくれたらうれしいですね」とおっしゃいます。

下に日本ジュニア数学オリンピックの予選の問題を掲載してあります。この問題に挑戦してみて興味を持ったかたは、ぜひ受験してみましょう。日本代表になれるかもしれません！

2012 年日本ジュニア数学オリンピック予選

（財）数学オリンピック財団

問　　題[1]

2012 年 1 月 9 日 試験時間 3 時間 12 題（答のみを記入する）

1. A 君は 1 歩につき 2 段ずつ階段を昇《のぼ》り，B 君は 1 歩につき 5 段ずつ階段を昇る．ただし 2 人とも，階段の最後の何段かがこの段数に満たない場合は 1 歩で昇る．ある階段を A 君と B 君が昇ったところ，かかった歩数の差は 6 歩であった．この階段の段数として考えられる値をすべて求めよ．

2. 正の整数であって，一の位が 0 でなく，一の位が逆の順番で読んでも元の数と等しいものを回文数とよぶ．2012 以下の回文数はいくつあるか．

たとえば，1234 は逆の順番で読むと 4321 になり元の数と等しくないので回文数ではない．

3. 三角形 ABC の外側に，その各辺を一辺にもつような正方形 $PQBA$，$RSCB$，$TUAC$ を作った．$AB=3$，$BC=4$，$CA=3$ であるとき，六角形 $PQRSTU$ の面積を求めよ．

ただし，XY で線分 XY の長さを表すものとする．

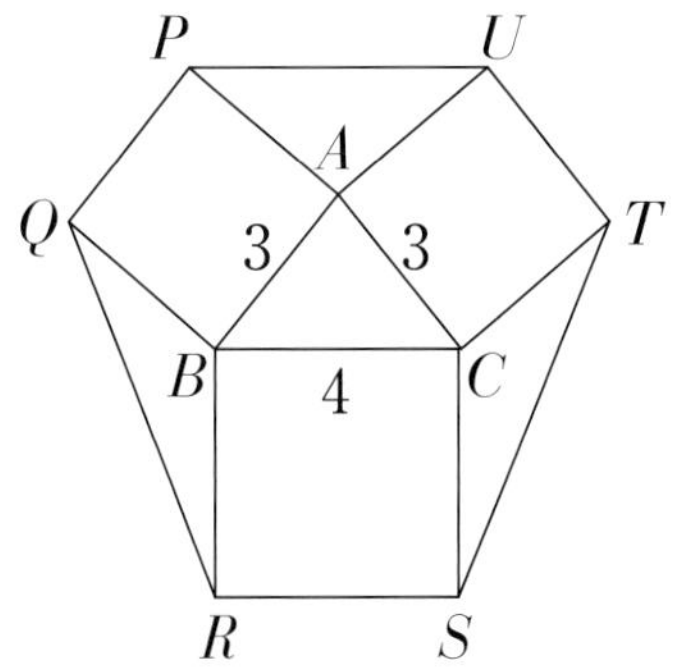

4. 四角形 $ABCD$ の辺 DA 上に点 E があり，直線 AB と EC は平行である．$AB=3$，$BC=3$，$CD=5$，$DE=3$，$EA=2$ のとき，EC を求めよ．

ただし，XY で線分 XY の長さを表すものとする．

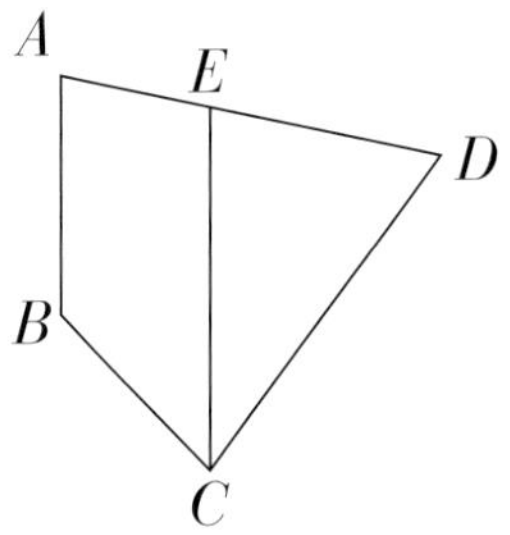

答え　**1.** 19, 20, 21, 22　**2.** 119 個　**3.** $34+8\sqrt{5}$　**4.** $\frac{24}{5}$

2012年 国際数学オリンピック アルゼンチン大会出場者インタビュー

アルゼンチン大会 銀メダル
栄光学園高等学校3年生
小松《こまつ》 大樹《ひろき》さん

夏季セミナーに参加し 数学オリンピックをめざす

――数学オリンピックに参加しようと思ったきっかけはなんですか。

「日本数学オリンピック財団（JMO）が実施しているJMO夏季セミナーに参加したことがきっかけです。中3で初めて参加したのですが、とても楽しくて、友だちもたくさんできました。

夏季セミナーに参加している国際数学オリンピック（IMO）出場経験を持つチューターになりたいと思い、IMO出場をめざして勉強を始めました。」

――JMO夏季セミナーとは？

「毎年8月に1週間の合宿形式で行うセミナーで、35名くらいの中高生が参加します。班ごとに割り当てられた現代数学の本を読み、最終的にみんなの前で本の内容をプレゼンします。

夏季セミナーに参加するにはJMOの春合宿に参加するか、数学に関する論文か数学関係の本のレポートを提出します。ぼくは論文を書きました。論文と言ってもあまり形式ばったものでなくても大丈夫ですので、興味があるかたはぜひ参加してほしいです。」

――数学は得意だったのですか。

「はい。小学生のときから得意科目でした。数学が好きなので、数学オリンピックの勉強も半分は趣味のように楽しめました。ネット上にアート・オブ・プログレム・ソルビングという数学の勉強ができるサイトがあり、(http://www.artofproblemsolving.com/) 外国の人と交流しながら勉強するということもしていました。IMOアルゼンチン大会では、サイトで交流のあった外国人選手と実際に会うこともできて、貴重な思い出となりました。

今年7月に行われた国際数学オリンピックアルゼンチン大会に出場した小松大樹さん。

日本代表選考の前は数学オリンピックに専念して勉強をしていましたが、前年度は落ちてしまいました。今年度も難しいかなと思っていたので、代表に選ばれてすごくうれしかったです。」

初参加で銀メダル 自分をほめてあげたい

――アルゼンチン大会の様子を教えてください。

「100カ国の選手が集まる開会式に日本代表として参加したときなど、自分たちは代表選手なんだと強く感じました。試験のときも最初はすごく緊張して、手が震えてコンパスでうまく円が描けないくらいでした。

緊張は問題と戦ううちにとけていきましたが、あと一歩というところで時間が足りなくなり解答できなかった問題があったり、得意分野で力が発揮できなかったなど悔しい思いもしました。金メダルが取れなかったのは残念ですが、初参加で銀メダルが取れたので自分をほめてあげたいと思います。各国の選手と交流できたことも楽しかったし、いい経験になりました。」

アルゼンチン大会の銀メダル。メダルのデザインは大会ごとに異なります。

――小松さんにとっての数学オリンピックとはなんですか。

「数学オリンピックはぼくの高校生活と言えます。部活動に打ち込む人がいるのと同じように、数学に打ち込んで世界大会をめざすという高校生活もすばらしいと思うし、もっと数学オリンピックをめざす中高生が増えてくれるといいと思っています。」

Kosei GAKUEN GIRLS' SENIOR HIGH SCHOOL

難関大学合格実績

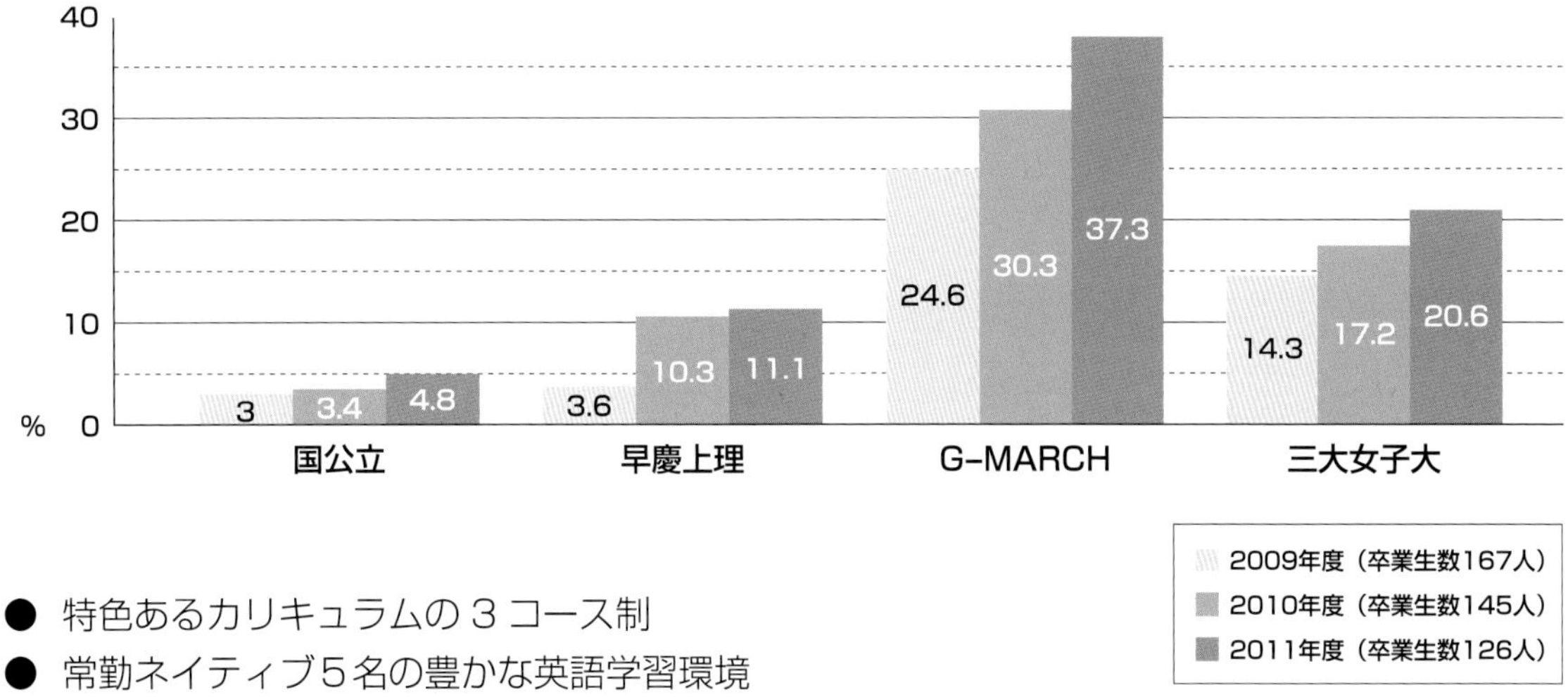

- 特色あるカリキュラムの３コース制
- 常勤ネイティブ５名の豊かな英語学習環境
- 英検１級３名・準１級５名取得（2011 年度）
- 「生きた英語」を学び団体戦で進路実現へ
- 留学コース生のスピーチを本校ホームページで動画配信中

学校説明会・オープンスクールの
ご案内等 web でご確認下さい。

佼成学園女子高等学校

〒157-0064　東京都世田谷区給田２-１-１　Tel.03-3300-2351（代表）www.girls.kosei.ac.jp
●京王線「千歳烏山」駅下車徒歩６分　●小田急線「千歳船橋」駅から京王バス利用約15分、「南水無」下車すぐ

おおらかな雰囲気に包まれて 充実した3年間で人間性を育てる

SCHOOL EXPRESS

日《に》本《ほん》大《だい》学《がく》第《だい》二《に》高等学校

東京都 私立 共学校

1926年の学校創立以来、杉並の地で日本大学の付属校として多くの人材を世に送り出してきた日本大学第二高等学校。知育・徳育・体育・食育の4育を柱に、バランスの取れた人間形成をめざしています。

井上《いのうえ》 登《のぼる》校長先生

School Data

所在地 東京都杉並区天沼1-45-33	アクセス JR中央線「荻窪」徒歩10分・バス、「阿佐ヶ谷」、西武新宿線「下井草」徒歩15分、西武新宿線「鷺ノ宮」、西武池袋線・都営大江戸線「練馬」、西武池袋線「中村橋」バス	生徒数 男子676名、女子600名
		TEL 03-3391-9700
		URL http://www.nichidai2.ac.jp/

日本大学建学の精神を根幹に持つ特別付属校

日本大学第二高等学校（以下、日大二高）は、日本大学の附属中学校（旧制）として、1926年（大正15年）に設立されました。

その後、学制改革や女子部の設置（高校は男女別学に、中学はその後廃止）などを経て、1996年（平成8年）に男子校となっていた中学が、新1年生から新たに男女共学を実施し、翌年には別学だった高校も完全共学となって現在に至ります。

開校以来、一貫して杉並の地に立ち、現在は日大から経営上独立して「日本大学特別付属校」という位置づけにあります。

特別付属校となっても、日大二高は日大の建学の精神「自主創造の気風」をしっかりと学校の根幹に据え、校訓には「信頼 敬愛 自主 共同 熱誠 努力」を掲げています。

「校訓は開校以来の言葉で、信頼・敬愛、自主・共同、熱誠・努力と2つずつ対になっています。意味としては、『信頼・敬愛』は、お互いを信頼しあって敬い愛すること。『自主・共同』は自主創造の精神、気風と、お互いに協調しようという気持ちを持つこと。『熱誠・努力』というのは、自分に必要なことを自覚し、熱心誠実に努力するということです。それぞれが人間として大切にしていくべきものと考え、生徒に指導しています。

私自身は、こうした校訓のもとで、『人の話を聞こう、人の身になってものを考えよう、優しさと感謝の気持ちを忘れないようにしよう』ということを常日頃から生徒には話しています。」（井上登校長先生）

また、日大二高では、知育・徳育・体育に加えて、食育も生徒の育成に際して重視しています。その一環として、10年以上前から女子栄養大学と提携し、食事と生活のアンケート調査や骨量・体脂肪率などの測定・分析を行ってきました。この取り組みの結果、生徒1人ひとりが自らの健康状態を知ることで健康意識が高められ、よりよい生活習慣が作れています。

体育大会

中学生とは別に高校生だけで行われる体育大会は、3学年を2つに分けた紅白対抗と、各学年のクラス対抗という2つの軸で競われます。

銀杏祭（文化祭）

校門から続く銀杏《いちょう》並木に由来する銀杏祭は、クラス、部活動、有志などさまざまな形でイベントや展示が催されます。

生徒の希望に応じるコース制 補習や夏期・冬期講習も充実

日大二高は3学期制・週6日制で、授業は1時限50分です。平日は月曜日から金曜日まで毎日6時限あり、土曜日は午前中の4時限です。クラス編成は、日本大学第二中学校から進級してくる中入生と、高校からの高入生が1年次から混合クラスになるところが特徴的です。中高一貫校においては、とくに1年次は中入生と高入生が別々に学ぶ学校も多くありますが、日本大学第二中学校では先取り学習を行わないため、高校では同じ地点からスタートすることができるのです。1学年は10クラスあり、各クラスは約40名で男女比はほぼ1対1という割合です。

カリキュラムについては、1年次では基礎理解の定着を目標に、芸術系科目（音楽・美術・工芸・書道から選択）以外の主要教科は全員が満遍なく学ぶことになります。そうして基礎学力をしっかりと身につけ、2年次で将来の進路希望に合わせて文系と理系に分かれます。

国語・英語・数学に加え、文系は地歴公民3科目（日本史B＋政治経済＋世界史Ｂｏｒ地理Ｂ）と理科2科目（化学基礎＋生物基礎ｏｒ地学

基礎）を、理系は理科3科目（化学基礎＋生物基礎ｏｒ地学基礎＋物理ｏｒ化学ｏｒ理科基礎演習）と地歴（日本史Ａｏｒ地理Ａ）１科目を選択します。文系と理系の比率は例年6対4程度の割合になり、3年次もそのままの割合でスライドします。そのなかで、さらに文系、理系、国公立文系、国公立理系の4コースに分かれていきます。

国公立文系と国公立理系は例年、通常の文系、理系コースよりも人数が少なく、今年の場合は国公立文系が18人、理系が27人という構成です。少人数でも国公立大学をめざすうえで必要な勉強ができるよう、希望人数にかかわらず1つずつクラスが作られます。そのため、高3になるとクラスは12クラスになります。

国公立コースでは、センター試験の5〜6教科7科目に対応できるようなカリキュラムが作られていて、科目によっては、少人数での授業も行われます。文系・理系コースでも、基本となる英・数・国の学習に加え、それぞれの希望に応じて自由選択科目が設けられ、各自の進路に合わせた学習ができるようになっています。

平常の授業以外の補習については、学校が計画を立てて行うのではなく、学年ごとに現場の先生がたが生徒を見ながら申請した計画に基づいて実施されます。もちろん、生徒から希望があった場合も、先生との相談のうえで補習が行われています。

夏期講習は、夏休みの前期と後期に分けて1週間ずつ行われます。1年生と2年生は補習的なものが多く、3年生は受験講習といった形になっています。冬期講習は1週間実施されます。1年生、2年生はやはり補習的な要素が強く、3年生は受験対策といった内容で行われます。

来年度入学生から変わる日本大学への推薦制度

進路指導については、高校1年から計画的な進路学習プログラムが用意されています。1年次は自己発見（自己理解）。2年次は進路発見（上級学校理解・進路情報理解）。3年次は目標実現（進路選択）です。こうしたそれぞれの課題と目標に合わせて、具体的できめ細かなプログラムが設けられています。日大の特別付属校ではありますが、生徒それぞれが自分の将来を考えて進路を決めるのが日大二高流。そのため進学する大学は多様で、日大に3割強が進み、国公立・私立を問わず、日大以外の大学に毎年5割以上の生徒が進学しています。

日大に進学を希望する場合は、定

部活動

運動部・文化部合わせて90％程度の生徒が加入しており、かなり活発に活動しています。野球部は立川グラウンドを使用します。

められた基準をクリアすることで推薦を手にすることができます。推薦基準については来年度入学者から変更があります。

「これまでは高3の11月に実施していた『日本大学統一テスト』を受けて、その成績で推薦が決まっていました。今後は、2年生の4月、3年生の4月と11月の計3回行われる『基礎学力到達度テスト』の成績が評価基準となります。」（井上校長先生）

整った教育環境のもと 充実した3年間を

創立時に植樹されたという42本の銀杏《いちょう》が堂々とした並木を見せ、四季折々の美しい景観に囲まれた校舎。ほかにも図書館、武道館、独立した芸術校舎、理科校舎など恵まれた施設・環境が整っています。こうした環境のもと、さまざまな学校行事、部活動を通して、充実した学校生活を送ることができるのも日大二高のよさと言えるでしょう。

そうした行事の1つに30年以上続く国際交流があります。アメリカ・オレゴン州の高校2校と姉妹校提携を結んでいて、それぞれの高校を隔年で訪問しています。

「日大二中を卒業する新1年生と新2年生、新3年生を対象とし、希望者のなかから24人が選抜され、2週間のホームステイを経験します。さらに、イギリスのケンブリッジ大学内にあるベンブルックカレッジと日大のつながりから、各付属校の生徒を派遣できる制度があり、本校も利用しています。」（井上校長先生）

「本校には、素直でありながら、なにごとにも意欲的に挑戦ができる、また、人の話がしっかりと聞ける生徒さんに来てほしいと思います」と話される井上校長先生。

JR中央線沿いという便利な場所にある日本大学第二高等学校は、将来を考える貴重な3年間を過ごすための場所と時間を用意して、みなさんを待っています。

スキー教室

海外研修

マラソン大会

銀杏並木

理科校舎と天体ドーム

立川グラウンド

平成24年度（2012年度）大学合格実績

大学名	合格者	大学名	合格者	大学名	合格者
日大推薦入学者内訳		短期大学部	1	私立大	
法学部	16	日大推薦入学者合計	111	早大	22
文理学部	18	国公立大		慶應大	6
経済学部	5	千葉大	1	上智大	19
商学部	33	首都大東京	5	東京理科大	36
芸術学部	8	東京学芸大	3	青山学院大	20
国際関係学部	1	東京工大	1	中大	27
理工学部	10	東京農工大	2	法政大	53
生産工学部	1	一橋大	1	明大	31
医学部	5	横浜国立大	2	立教大	32
歯学部	1	京大	1	学習院大	17
松戸歯学部	1	その他国公立大	4	その他私立大	507
生産資源科学部	5	国公立大合計	20	私立大合計	770
薬学部	6				

富士見丘高等学校

海外大学進学も視野に 生徒の学習を的確支援

今春、富士見丘高等学校は早慶上理合格者を20名出し、合格実績で大躍進を遂げました。しかし近い将来の新たな目標として見据えているのは、海外大学への進学です。富士見丘高等学校の学力向上とグローバル人材育成対策についてご紹介します。

生徒各自の疑問が勉強の出発点

今まで分からなかったことが分かるようになる、これが勉強の本質です。したがって「分からない」状態をそのままにしておけば、勉強は決してできるようになりません。ところで何を分からないと思うか、つまりどこに疑問を感じるかは、人によって異なります。

例えばイチローのヤンキース移籍のニュースに対して「なんでヤンキース?」と思った人もいれば、「なんでいきなりマリナースをやめたの?」と不審に感じた人もいるでしょう。疑問が違えば、答も、納得の方向性も変わってきます。つまり、疑問と勉強の中味はいたって個別的です。

富士見丘の職員室は、休み時間になると質問をする生徒であふれかえります。「考えてもよく分からないところは先生に聞く」が日常化しているからです。「生徒のどんな疑問に対しても丁寧に答えるのが、うちの先生方のモットー。『試験前のため生徒の職員室入室禁止』は本校ではあり得ません」と吉田校長は、生徒の疑問解決をいつでも最優先する教師の姿勢について語っています。

このような学校生活が、生徒の学習をバックアップしているのです。

個別対応型授業で大きな成果

勉強の出発点を一律にしないという教育思想は、授業の中にも根付いています。例えば高校1年の英語授業に、ネイティブ教員担当の「Extensive Reading」があります。最初の授業で英語読解力を測る試験を実施。生徒の実力を10段階レベルで判定します。各レベル別に30冊ずつ英語原書が用意されていて、生徒は自分のレベルの中から好きな1冊を選び、辞書を使わずに読み進めます。自分の語彙力に見合った本なので、辞書なしでも無理なく読めるのです。読み終わったら、パソコンで自分専用のWeb画面を呼び出し、本の題名を入力します。すると本の内容を問う英文のクイズが10題出され、8問以上正解で合格。合格すると読んだ本のページ数が自分の読書記録に加算されます。つまり授業でも各自の実力に応じた出発点から個別学習が展開されているのです。

「1年間でトータル1000ページ以上原書を読破する生徒も毎年誕生しています」と授業担当のマーシャ先生。この授業によって、富士見丘の生徒は日本語に翻訳することなく、英語をそのまま理解する読み方を自然に身につけていると言います。「この授業は2年生では設置されていませんが、毎週放課後2年生20名近くが自主的に集まって、Extensive Readingの勉強を続けています。このことからも生徒がExtensive Readingの成果を実感していることがうかがえます」（マーシャ先生）

世界大学ランキング上位校の指定校推薦制度

　多くの中学高校がグローバル化を謳いながら、国内の有名大学へ合格者を多く出すことに腐心しています。しかしこれから先、このようなことに価値を見出す社会が果たして存続するのでしょうか。海外大学への留学者を増やす方針を、国は既に固めているように思えます。こうした情勢認識から、富士見丘は日本の受験英語にとどまらない英語力の養成、それに海外大学との接続を推進しています。

　昨年度イギリスのロンドン大学キングスカレッジ（2011～2012年QS世界大学ランキング27位）とオーストラリアのクイーンズランド大学（同48位）から指定校推薦の認定を受けることに成功しました。いずれの大学へもIELTSやTOEFLの英語力テストで一定水準以上の成績を収め、学校長からの推薦が得られれば、同大学のファウンデーションコースへの入学が高校卒業と同時に保証されるというものです。

　この指定校推薦制度は学内の雰囲気を変えました。海外大学進学を目指す意気込みを持つ生徒が増え、海外大学進学希望者のための授業“Academic English”も始まりました。富士見丘は今、海外大学進学が進路選択肢の1つとして定着することを目指しています。

グローバル人材育成のための異文化体験

　若い時代に異文化を体験することは大変意義深いことです。文化を異にする人々と知り合い、その発想に触れることで視野が広がり、それは将来様々な国の人々と接触するうえで貴重な財産になるからです。

　富士見丘は30年以上前から欧米の短期留学に取り組んできましたが、昨今はイスラム文化圏の学生と交流する道を探ってきました。それが、今年アラブ首長国連邦（UAE）で実現しました。3月、本校生31名がイギリスでの2週間の英語研修後にUAEに赴きました。

　UAE訪問のメインイベントはUAE大学さくらクラブ（日本同好会）との交流です。交流会ではあっという間に両者が打ち解けあい、あちらこちらでメールアドレスを教え合う姿が見られました。こうして始まった交流は帰国後も継続して、さくらクラブと富士見丘生徒のネットワークが形成されていきました。この流れが、UAE訪問の4ヶ月後の7月、今度は同大さくらクラブ学生の来日、富士見丘訪問となって結実しました。同校で開かれたさくらクラブとの交歓会の実現を全校生が喜び、楽しみました。

　このような相互交流は将来、当人の人生は勿論、日本の海外交流に活かされるに違いないと確信しました。

富士見丘高等学校

〒151-0073
東京都渋谷区笹塚3-19-9
TEL（03）3376-1481
http://www.fujimigaoka.ac.jp/

高等学校説明会

9/23（日）　文化祭
10：00～15：00　文化祭
10：30～11：00　説明会

10/27（土）　授業見学・部活動体験
10：00～10：50　説明会
11：00～13：30　授業見学・部活動体験 ※

11/23（金・祝）　進学相談会
13：30～14：30　説明会
14：30～15：30　進学相談会 ※

12/1（土）　入試問題傾向と対策
13：30～14：30　説明会
14：30～15：30　入試問題傾向と対策
15：30～　個別相談会 ※

12/8（土）　入試問題傾向と対策
10：00～11：00　説明会
11：00～12：00　入試問題傾向と対策
12：00～　個別相談会 ※

なお、12/1（土）と12/8（土）の内容は同一です。

※印のものは原則事前のご予約をお願いします。

School Navi 143

中《ちゅう》央《おう》大《だい》学《がく》高等学校

東京都

文京区

共学校

School Data

所在地	東京都文京区春日1-13-27
生徒数	男子234名、女子264名
TEL	03-3814-5275
アクセス	地下鉄丸ノ内線・南北線「後楽園」徒歩5分、都営三田線・大江戸線「春日」徒歩7分、JR総武線「水道橋」徒歩15分
URL	http://www.cu-hs.chuo-u.ac.jp/

受け継がれる「質実剛健」「家族的情味」

中央大学後楽園キャンパス内に位置する、中央大学高等学校（以下、中大高）。高大一貫の施設に加え、昨年11月には中大高独自の体育館が完成し、より充実した環境が整いました。

中大の理念である、質実剛健・家族的情味を受け継ぎ、教育の特徴としています。

付属校の特色を取り入れたカリキュラム

受験勉強にとらわれず、生徒それぞれの習熟度に合わせた学習指導ができることが、大学付属校である中大高の強みです。

授業が基本であるという考えのもと、全教科で徹底的な基礎学力の定着を図ります。そのうえで、弱点がめだつ生徒を支え、より上をめざす生徒にはそれに挑める体制を整えています。1・2年次は基礎力を重視し、3年次では希望の進路に応じて文・理に分かれ、自ら考える力を養う課題探求型の授業を取り入れるなど、段階的なカリキュラムを導入しています。

中大校の特色ある学習の1つとして、各界で活躍されている方々を招き、さまざまなテーマでお話を伺う総合学習講座があります。多様な生き方に触れることで、生徒が自分の人生を考えるきっかけを作ることが目的です。

ほかにも、高大一貫施設であることを活かしての連携教育の実施や、始業前や放課後の時間帯を利用した0時間目授業など、個々の可能性を伸ばせる学習が行われています。

進路指導においては、目標を大学入学にとどめず、生徒がその先の将来を見据えることができるように努めています。

現在は、卒業生のうち約9割が中大へ進学しています。また、大学入試センター試験や他大学への進学希望にも柔軟に対応します。

1日1日を大切に生きる生徒を尊重

中大高は施設上の理由から、「昼間定時制」という教育制度を採用しています。通学時間はラッシュ時と重ならないため、遠方からも通学可能です。全日制との大きな違いはなく、3年間で高等学校の全課程を修了することはもちろん、充実した高校生活を送ることができます。

行事、クラブ活動などを通し、1日1日を大切に生きる生徒を尊重している中央大学高等学校。そのなかで、あいさつや人として求められる基本を身につけ、自立と自律を兼ね備えた強さを持ち、志のある「真」のリーダーの育成をめざしています。

School Navi 144

豊《と》島《しま》学《がく》院《いん》高等学校

東京都

豊島区

共学校

School Data

所在地	東京都豊島区池袋本町2-10-1
生徒数	男子574名、女子583名
TEL	03-3988-5511
アクセス	東武東上線「北池袋」徒歩7分、JR線ほか「池袋」・都営三田線「板橋区役所前」徒歩15分
URL	http://www.hosho.ac.jp/toshima/

主体的に生き抜く人間を育てます

生徒を見つめ 個性を伸ばす教育

生徒1人ひとりの個性を見つめ、その個性を伸ばしていくことを大切にしている豊島学院高等学校。「自立」・「自主」・「平和」を教育方針に、新しい時代を自ら切り拓いていけるよう、生きる力を育てる教育を実践しています。

豊島学院では、すべての生徒がそれぞれの個性に合った志望大学現役合格にチャレンジできるように、4類型を用意しています。入学時より類型別で学習がスタートし、1人ひとりのレベルアップを図るきめ細やかな進路指導を行っています。

国公立大・難関私立大への現役合格を目標とする「特別進学類型」は、週4日の7時間授業で合格に必要な実践力を身につけます。2年次より文系・理系のコースに分かれ、3年次は科目選択制を取り入れています。夏・冬・春休みの集中講座、特別講座や先取り学習を行うことで、3年次の夏休み以降は受験演習に力を入れ、志望校合格をめざし日々学習に励みます。

続いて、「選抜進学類型」は難関私立大合格を狙う類型です。週4日の7時間授業や有名塾講師による特別講座を開講しています。2年次で文系・理系に分かれたあとは、学ぶ科目を特進よりも絞って1つひとつの科目を丁寧に仕上げるように学習を進めていきます。

3つ目は「普通進学類型」です。生徒の能力や個性に合った進路に確実に結びつけていくことを目標としています。夏期講座や週4回の補習など、生徒の能力に合わせた細やかな指導で、苦手科目を克服し学力向上を図ります。

最後に「文理進学類型」についてです。現役大学合格をめざすと同時に、卒業後も積極的な生き方ができるよう指導しています。進路選択のきっかけとして、「体験型」・「探究型」など豊島学院独自の授業も取り入れています。普通進学類型同様、夏期講座や補習、加えて夏期勉強合宿を行うなどして、基礎・応用力ともに学力を養成していきます。

このように、それぞれの類型で進路指導を行ってきた結果、近年では、国公立大への合格者が増加し、早慶上理やG−MARCHなどの有名大学への合格者も毎年増加傾向にあります。

また勉強だけではなく、部活動や行事においての経験も大切にする豊島学院。勉強と部活の両立に励む生徒も多くみられます。

仲間とともに成長する豊島学院での3年間は、生徒たちの将来への生きるエネルギーを培う時間ともなるでしょう。

共学校

東京都立 両国高等学校

「自律自修」を教育方針として掲げ自ら考え行動できる人物を育成する

チャイムとともに授業を開始する伝統を持つ両国高。3年次には4つのコースで文科系・理科系に分かれます。国公立大学・難関私立大学へすばらしい合格実績をあげ、併設型の中高一貫教育校として新たな歴史を刻み始めています。

大井《おおい》 俊博《としひろ》 校長先生

併設型中高一貫教育校として新たな歴史を刻む都立校

東京スカイツリーが間近に見られる東京都立両国高等学校。正門の脇には第7回卒業生である芥川龍之介の文学碑が建てられています。

学校が創立されたのは１９０１年（明治34年）で、名称は東京府第三中学校でした。同じ年に東京府立第三中学校と改称されました。

１９０２年（明治35年）、中央区築地4丁目から現在地に移転するとともに校舎が新築されました。１９４３年（昭和18年）、東京都制実施に伴い東京都立第三中学校になり、１９４８年（昭和23年）には東京都立第三新制高等学校と改称され、１９５０年（昭和25年）、現在の名称である東京都立両国高等学校（以下、両国高）になりました。そして、２００６年（平成18年）に附属中学校が開校され、併設型中高一貫教育校として新たな

体育祭

毎年６月に中高合同で行われています。赤・青・黄の３つの団に分かれ、さまざまな競技で競いあいます。

スタートを切っています。

変遷の間には、関東大震災と戦災で2度までも校舎が全焼する災難に遭いました。両国高は、そうした苦難を越えて11年の伝統を築いてきたのです。

教育方針の「自律自修」について大井俊博校長先生は「『自律自修』とは、『自らを厳しく律し、自ら進んで学ぶ』という意味で、本校は自立した青年の育成に取り組んでいます。自分でしっかり考えて行動を起こすこと、そして、行動を起こして自ら学ぶという姿勢を、両国高の生活のなかで教えていくということです」と話されました。

「授業を大切にする」をモットーとした取り組み

両国高は3学期制の学校で、週5日制が実施されています。ただし、土曜日の午前中にも、月に2回程度授業が行われます。授業時間は1時限50分で、月曜日から金曜日まで毎日6時限あります。そのうち、高1と高2は水曜日のみ7時限となっています。

「本校は『授業を大切にする』を合言葉にしています。授業はチャイムと同時に始まり、1分1秒もムダにはしません。また、両国高の授業はレベルが高く、速度も速いのが特徴です。授業を生徒と一緒につくっているという、生徒と教員との信頼関係が築かれています。これは本校の伝統のひとつと言えるでしょう。」（大井俊博校長先生）

併設型の中高一貫教育を行っている両国高では、高校1年次に中入生と高入生でクラスを分けず、同じクラスに中入生が混在するクラス編成になります。1学年は5クラスで、1クラス約40名です。

カリキュラムは、1年次は共通履修で全員が同じ内容を学び、基礎・基本の定着が図られます。2年次からは社会（世界史）と理科（物理・化学）の5単位分が選択授業となり、少しずつ文科系・理科系に分かれて学びます。

また、独自の科目がつくられていることも特色です。1年次には英語コミュニケーション能力の育成をめざす「英語特講」、2年次には広い国語力の定着をめざす「考える国語」という科目が設けられています。

3年生になると、進路希望によるコース分けが設定されています。A「国公立大学〈文科系〉」、B「国公立大学・私立大学〈文科系〉」、C「国公立大学〈理科系〉」、D「国公立大学・私立大学〈理科系〉」の4つのコースです。

両国高では、例年文科系5割、理科系5割という比率になるそうです。

夏期講習や通年・土曜講習などさまざまな形で生徒をサポート

両国高では、学習指導にさまざまな配

両国祭
（文化祭）

スキー教室

慮がなされ、きめ細かな教育体制が整えられています。習熟度別授業は、1年次は英語、2年次は数学・英語、3年次は数学で導入されています。ネイティブの教員は2名いて、英語の授業は、英語の教員とネイティブ教員によるチームティーチングで行われています。

「英語や数学の授業では理解度を確認するために毎回必ず小テストを行っています。本校では、こういった積み重ねが大事だと考えています。また、教員は各自がプリント教材をつくっています。生徒に興味関心を持たせるために、授業内容にも工夫を凝らしているのです。」（大井俊博校長先生）

特別な学習指導も行われています。平日には、早朝や放課後に補講として、各学年・各教科で、授業では扱えなかった高度な内容や不十分な箇所の補充が行われています。また、授業のない土曜日には土曜講習が用意されています。「本校の中学校では極端な先取り教育をしていませんから、高1段階では、中入生と高入生とでほとんど進度差はありません。お互いが刺激しあい、切磋琢磨して勉強をしています。また、補講が必要な生徒には、教員が親身になって対応しています。」（大井俊博校長先生）

授業を補完するものとして、通年の講習が行われ、教科によっては基礎コース、発展コースがつくられています。また、夏期講習は各学年で実施され、昨年度は3学年合わせて77講座が設けられ、のべ6663名が参加しました。さらに、冬期講習も実施されています。

独自の実力考査を実施し 生徒の進路指導に活かす

両国高では、進路指導も計画的に行われています。進学懇談会では、難関大学を現役で合格した卒業生を20名ほど招き、毎年6月に実施しています。今年度の進路懇談会では、中高一貫1期生の卒業が後輩のために、受験勉強の体験談やきめ細かなアドバイスなどを熱心に話す機会となりました。

また、保護者対象の進路講演会は学年ごとに行われ、参加者は80％を超えるほどの大盛況の催しです。さらに、2学期には体験講義として、さまざまな大学から教授が招かれ、専門性豊かな体験授業や模擬講義が行われています。

両国高独自の実力考査が行われているのも特色です。実力考査は、教員の手により難関大学入試問題を研究して作成されたオリジナル問題で実施されています。1年生が年2回、2年生と3年生は年に3回行われます。これらの成績の結果は、定期考査や全国模擬試験などの結果とともに生徒個人のデータとして蓄積され、受験する大学の合否判定の参考資料として活用されるのです。

学校行事

学校生活

「本校では、高1の段階で8割の生徒が国公立大をめざしています。国公立大学への現役合格者数は、都立高校でも5指に入ります。25%前後の高い割合は2006年（平成18年）から維持しています。また、超難関国立大学の東大・京大・東工大、一橋大への合格実績の向上とともに、早大・慶應大・上智大・東京理大といった難関私立大への合格実績もあがっています。本校では、より高いレベルで第1志望をめざしてほしいし、最後までそのレベルにチャレンジするような逞しさを持った生徒を育てていきたいと思っています。」（大井俊博校長先生）

自校作成問題では 思考力や判断力などを見る

両国高の入学試験には、英・国・数で自校作成問題が出題されます。大井校長先生は「自校作成問題は、中学段階の基礎的、基本的な内容が定着しているかどうかをみるということがベースにあります。そのなかで思考力、判断力、応用力、表現力といったものが読み取れるような解答を求めたいと思います。そのほかに、中学で問題解決型の取り組みや体験学習などに積極的に参加し、その経験が身に付いているかを判断できるような問題をつくっています。」と説明されました。

昨年度、中高一貫校として1期生の卒業生を出し、新たな歴史が生まれている両国高。どのような生徒さんに来てほしいのでしょうか。「中入生と切磋琢磨し、お互い刺激しあって高いレベルをめざそうという意識のある生徒さん。また、国際的なリーダーとして活躍できる人材の育成も目標としていますので、勉強・部活動・学校行事など、なにに対しても情熱と意欲をもって自主的に取り組める生徒さんを待っています。」と大井校長先生がにこやかに語られました。

2012年度（平成24年度）大学合格実績 （ ）内は既卒

大学名	合格者	大学名	合格者
国公立大学		私立大	
筑波大	5(0)	早大	44(6)
千葉大	17(5)	慶應大	11(5)
お茶の水女子大	3(0)	上智大	8(2)
首都大学東京	3(0)	東京理大	34(7)
東大	3(0)	青山学院大	7(0)
東京外大	1(1)	中央大	39(10)
東京学芸大	2(0)	法政大	19(6)
東京芸大	1(1)	明治大	42(9)
東京工大	4(0)	立教大	34(4)
東京農工大	1(0)	学習院大	5(4)
一橋大	1(0)	東京女子大	2(1)
名大	2(1)	日本女子大	6(2)
神大	1(0)	国際基督教大(ICU)	1(0)
その他国公立大	17(9)	その他私立大	186(41)
計	61(17)	計	438(97)

School Data

東京都立両国高等学校

所在地
東京都墨田区江東橋1-7-14

アクセス
JR総武線・地下鉄半蔵門線「錦糸町」徒歩5分
都営新宿線「菊川」・「住吉」徒歩10分

TEL
03-3631-1815

生徒数
男子298名、女子294名

URL
http://www.ryogoku-h.metro.tokyo.jp/

宝仙学園高等学校共学部『理数インター』
現代社会と世界に通じる教育
新しい学校だからこそできる、世界に羽ばたく理数インター

理数インターとは

宝仙学園中学高等学校共学部理数インターは、80有余年の歴史を持つ宝仙学園に時代の要請にさらに応えるべく創設された新たなる学校です。『理数インター』という名称から、理系に特化した学校と思われがちですが、国公立大をめざした学校なので、文系希望の生徒ももちろん多数います。

本校の教育の中には『世界に通じる教育』『現代社会が求める教育』『人として求められる教育』の三つを常に意識しています。

『世界に通じる教育』そして『現代社会が求める教育』の分野では、「プレゼンテーション能力の育成」と「コミュニケーション能力の育成」とを掲げています。その前提となるのが「理数的思考力」であり、本校の「理数インター」の語源ともなっています。この「プレゼンテーション能力の育成」のために、1月には英語によるプレゼンテーション大会を行っています。

プレゼンテーション能力

多くの学校がこの時期に英語のスピーチコンテストを行っている時期ではありますが、本校では敢えて「プレゼンテーション」にしています。単なる暗唱ではない、使える英語としての発表の機会でもあります。中学生は身近な話題が中心となりますが、高校生ともなると社会問題に迫る内容のものを発表しています。大人であれば見逃しそうな問題を、高校生ならではの視点で掘り下げていく発表内容には目を見張るものがあります。

また、本校には「総合探究」という時間があり、このプレゼンテーション能力を育むための授業があります。疑問→仮説→検証→考察→発表を、段階を踏んで研究とともにプレゼンテーション能力を磨いていきます。その集大成が高校2年生で行うアメリカのスタンフォード大学でのミニ留学（修学旅行）となります。

スタンフォード大学でのプレゼン体験と自然体験

スタンフォード大学は、タイムズ・ハイアー・エデュケーションによる世界ランキング第2位の学校であり（２０１１年）、その教育の質はつとに有名です（参考・東京大学30位・京都大学52位）。その大学の先生や学生を前にして英語によるプレゼンテーションを行います。当然英語での質問を受けるので、それに対して英語で返さなければなりません。自分の発表が世界に通用するのか、英語力は…、果たして英語が通じるということはどういうことなのか、観光やツアーとは異なる、初めて体験する第一線の『世界』を前にして、子ども達は成長していきます。

この修学旅行では、スタンフォード大学でのプレゼンテーションに加え、生徒だけの市内散策も行います。ある生徒は床屋に行って散髪をして来たり、あるグループはちょうど誕生日だった生徒の誕生日パーティーをやるためのグッズをスーパーで揃えたりする中で、現地の人々と教科書には出てこない会話を楽しんで来ました。日常から世界までを味わう8日間は、彼ら彼女らにとって、一生の想い出となることでしょう。

コミュニケーション能力

また「コミュニケーション能力」の基本は、相手を理解する能力と考えています。例え相手の意見に反対であっても相手が自分とは異なるその意見を持つということは理解できるというのがコミュニケーションの第一歩です。

そのような相互理解が人と人とを繋ぐことになり、本校「理数インタ

Baseballと野球は違います

ヨセミテ国立公園でレンジャーとの語らい

鶏肉もサイズが違います

スタンフォード大学でのプレゼン

ー」の「インター」の部分を形成していってくれることでしょう。彼ら彼女らが、人と人とを、そして一人と世界への架け橋になってくれる教育を行っています。

一方で現代社会の要請ということでは「大学進学」は欠かせない要件でしょう。これで述べてきた「真の学力」と大学進学を結びつけてこそ、現代社会のニーズに応えることになると思います。そして本校では、学力を上げるために様々なツールを持っています。

授業時間数が多いこともメリットの1つでしょう。授業の回数が多いから、1回1回の授業で扱う新単元の量は少なくてすみます。歴史の一時代を1時間で終わらせるカリキュラムと、3時間かけられるカリキュラムを比べた場合に、生徒の理解度・定着度に差が出ることはお分かりいただけると思います。

1クラス30名のきめ細かな指導

また本校では予備校並の進路指導があります。1人ひとりに最適な指導を行います。これができるのも、本校が少人数制クラスを設定しているからです。説明会等では1クラスは35名以内と申し上げていますが、実際は1クラス30名での設定にしています。横6列後ろ5列のクラスだからこそ、本当の意味で1人ひとりを見ることができています。

さらに個人ブースの自習室・チューター制度も完備しています。家での勉強は集中力が切れてしまったり、テレビなどの誘惑もあったりしますが、学校の自習室であれば周りの友人達も学習しているという雰囲気の中であれば集中力も続きます。あと一踏ん張りが効くのが学校の自習室の強みです。

また本校では、クラブ活動と学業との本当の意味での両立を図っています。宿題やレポートが未提出の場合には、クラブ活動への参加を自粛してもらいます。思う存分クラブ活動を楽しみたいから、メリハリをきちんと付けた活動を行います。一方で陸上部は全国大会へ、水泳部・弓道部は関東大会へ出場するなどの実績も残しています。

宝仙学園中学・高等学校共学部 理数インター

10月13日(土)	14:30～16:00	説明会
11月 4日(日)	10:30～12:00	説明会
11月10日(土)	14:30～16:00	説明会
12月 1日(土)	10:30～12:00	説明会
12月 1日(土)	14:30～18:00	入試体験会
12月 8日(土)	14:30～16:00	説明会
12月24日(祝)	9:00～12:10	入試体験解説会
1月12日(土)	14:30～16:00	入試point会
1月19日(土)	14:30～16:00	入試point会

〒164-8628 東京都中野区中央2-28-3
Tel.03-3371-7109

和田式教育的指導

志望校について再考してみる

夏休みも終わり、本気で志望校を考える時期です。過去問から自分の実力を知り、志望校の変更も視野に入れ、自分に合った学校を探してみましょう。

志望校の過去問を解いて合格点までの点数をみる

夏休みが終わったこの時期に、志望校を変更するポイントを考えてみましょう。まず、もう一度志望校の過去問をやってみてください。

問題の傾向をつかむということも大切ですが、昨年度の合格最低点に対して、トータルで何点足りないのか、それぞれの教科で目標点に何点足りないのか、足りない点数をつかむことが必要です。

過去問を行うことで、志望校の出題問題との、相性の悪さや苦手な出題傾向がわかると思います。これから残された月日で、こうした弱点を補強できるかどうかが合格への鍵となります。

「受験勉強」とは、これまで何度もお話ししたように、志望校の入学試験問題に合わせた勉強をすることです。出題される問題のくせを確実に自分のものにしてから受験しないと、合格は困難です。なので、志望校の過去問をやってみて、合格までの道のりを判断することが、この時期に必要なことです。

神奈川県の入試一本化など、試験が統一化される傾向にありますが、東京都をはじめ公立高校でも独自問題が出されている学校があります。こうした学校を受験する場合は、やはり過去問で傾向を把握しておき、現在の力で解けるものなのか、これからどの程度頑張れば解けるようになるのかを判断しておきましょう。

また、公立高校を志望する人は、内申書を意識しなければなりません。いままでの内申点を考えながら、2学期の学力検査の得点をどれだけ伸ばせるかも重要な点です。

志望校を変更するときは早めに新たな志望校を決める

志望校の過去問を解いてみて、残念ながらこれはどう頑張っても合格は難しいと判断した場合は、できるだけ早く、次の志望校を見つけることが大切です。

秋には学校が開催する説明会や文化祭などのイベントが多くあります。こうした行事は、自分が行きたいという学校を新しく見つけるチャンスですので、積極的に参加してみましょう。

新たな志望校が決まったら、過去問をやってみて、合格点まで何

点足りないかを調べてみます。これぐらいの点数なら、残りの月日で到達できるという感触がつかめれば、また勉強する意欲が湧いてきます。

ただ、一度決めた志望校を変更するというのは、なかなか難しい面があります。なぜなら、どうしてもモチベーションが下がってしまいがちだからです。しかし、これをよい機会ととらえ、新たに学校を探してみることで、これまで見えていなかった自分に合った学校を発見することができるかもしれません。

また、志望校が決まっている人でも、その学校のイベントに参加することでよりモチベーションがあがります。私立大学の附属校を志望する人は、その大学のキャンパスへ行ってみるとよいでしょう。自分が学ぶ大学で、先輩たちの姿を見れば、なんとしてでも附属校へ入りたいという意欲が出てきます。

ギリギリでも志望校に行くか自分の性格を考えてみよう

志望校に合格する可能性がギリギリだった場合に、受験するべきかわからないという問題もあります。

高校での勉強は実際に入ってみないとわかりませんが、開成などのトップ校では、それまで学年で一番成績のいい人が集まるわけです。そうすると、そんな人が高校ではビリになってしまう可能性があります。

そうしたときに、「なにくそ！」と思ってはいあがっていく人もいれば、「ダメだ」と思ってしまう人もいます。自信をなくしてしまうような人は、一段入りやすい学校に入って、上位をめざすという選択もありえます。難関校に入ったばかりに自信をなくし、大学受験に失敗してしまうケースもよくあるのです。むしろ学年トップクラスで入れる学校に行った方が、入学してからずっと気分よく勉強でき、難関大学へ合格できるかもしれないわけです。

これは保護者のかたにも知ってほしい話で、ビリでもいいからいい学校へという発想は、自分の子どもの性格を考えてから判断すべきです。学校や塾の先生ともよく相談して、本人の意思をちゃんと確認して、最終判断をした方がいいということになります。

Hideki Wada

和田秀樹

1960年大阪府生まれ。東京大学医学部卒、東京大学医学部附属病院精神神経科助手、アメリカのカールメニンガー精神医学校国際フェローを経て、現在は川崎幸病院精神科顧問、国際医療福祉大学大学院教授、緑鐵受験指導ゼミナール代表を務める。心理学を児童教育、受験教育に活用し、独自の理論と実践で知られる。著書には『和田式　勉強のやる気をつくる本』（学研教育出版）『中学生の正しい勉強法』（瀬谷出版）『難関校に合格する人の共通点』（共著、東京書籍）など多数。初監督作品の映画「受験のシンデレラ」がモナコ国際映画祭グランプリ受賞。

開智学園の教育を開発する
開智未来中学・高等学校

23年4月埼玉県
加須市に開校

今春2期生入学！先進的・本質的な学びを追究する進化系進学校。開智学園の教育を開発する精鋭教師陣が開智未来に集結！

開智学園の教育を開発する

開智未来は、これまで開智学園が積み上げてきた教育の成果の上に、さらに「知性と人間を追究する進化系進学校」として、新しい教育実践を開発して子どもたちを伸ばし、その成果を地域および全国に発信し社会に貢献する学校を目指します。

「未来型知性を育成するＩＴの授業」

校長自らが行う哲学の授業、環境未来学、未来型知性を育成するＩＴ教育、論理的思考力を高める論理エンジン、コミュニケーション型知性を育む学び合い、学校・家庭・地域連携の共育など、さまざまな教育活動を開発し、発信していきます。

４つの知性を育てる

最難関大学合格を可能にする学力、そして、生涯にわたって発揮される学力を育成するために「４つの知性の育成」を謳っています。４つの知性とはＩＴ活用力などの未来型知性、カナダ環境フィールドワークなど体験や行動を重んじた身体型知性、暗誦教育に代表される伝統型知性、そして、対話的授業や生徒どうしの学び合いによるコミュニケーション型知性で、それらの知性をバランスよく磨き上げる授業を目指しています。

関根校長の哲学の授業

開智未来では、関根校長自らが週1時

《入試対策講座・親サプリ講座・個別相談日程》

■筆記具・上履き持参　■加須駅、栗橋駅よりスクールバス運行・自家用車で来場できます。■9月10日以降、ホームページからの予約制

	時　間	主な内容	スクールバス運行
9月22日(土)	◆入試対策講座 受付9時00分～ 9時30分～11時50分 ◆親サプリ講座 11時00分～11時50分 ◆個別相談 12時00分～13時00分	･3教科の演習と解説 (1教科40分×3教科) ･保護者対象サプリ ･個別相談 本人のみ･保護者のみの参加もできます。	加須駅発･栗橋駅発 8時40分(入試対策便) 10時20分(親サプリ便) 終了時も運行あり

《説明会日程》

■筆記具・上履き持参・予約不要　■個別相談は9月10日以降、ホームページからの予約制　■加須駅、栗橋駅よりスクールバス運行・自家用車で来場できます。

<table>
<tr><th></th><th>時　間</th><th>主な内容</th><th>スクールバス運行</th></tr>
<tr><td>10月20日(土)</td><td rowspan="2">◆授業見学／講座参加
3限11時～
4限12時～
◆説明会･勉強サプリ
13時00分～14時45分
◆個別相談9時～16時</td><td rowspan="2">･開智未来の教育Ⅱ
･開智未来の入試概要
･偏差値10up勉強サプリ
「スループット編」
･英数講座(応用編)</td><td rowspan="6">加須駅発･栗橋駅発

時刻表は２学期以降、ホームページでお知らせします。

終了時も運行あり</td></tr>
<tr><td>11月17日(土)</td></tr>
<tr><td>11月23日(祝)</td><td rowspan="4">◆説明会
10時00分～11時00分
◆勉強サプリ
11時00分～11時30分
◆入試問題対策
11時40分～12時40分
◆個別相談9時～16時</td><td rowspan="4">･開智未来の教育Ⅲ
･開智未来の入試概要
･偏差値10up勉強サプリ
「アウトプット編Ⅰ･Ⅱ」
Ⅰ･･･11月
Ⅱ･･･12月
･開智未来入試問題対策
(英･数)</td></tr>
<tr><td>11月25日(日)</td></tr>
<tr><td>12月22日(土)</td></tr>
<tr><td>12月23日(日)</td></tr>
</table>

間、「哲学」の授業を行っています。校長は東京大学で教育哲学を学び、公立高校教員となり51歳で校長の職を辞して開智高等学校校長を2年間務めた後、開智未来中学・高等学校の校長となりました。

「人間が育つから学力が伸びる、学力が伸びるから人間が育つ」というサプリの考えに基づき、哲学の授業では思考力や言葉力を育成するとともに、学びのスキルや「人のために学ぶ」志を鍛えます。

一緒に未来を創る精鋭教師陣

「開智未来」の教育を開発するにあたり、優秀なスタッフが集結しました。公立中高から教科のトップレベルの教員を迎え入れ、さいたま市開智学園からは進学のノウハウを熟知した主任クラスの教員が異動、またバイタリティーあふれる若手教員を採用しました。その一部を紹介します。

加藤教頭は、文部科学大臣表彰を受けた情報教育の第一人者で、教頭として学校全体の教育活動を取りまとめる一方で、「未来型知性」育成プログラムの責任者として開智未来の教育を創っていきます。

国語科の堀口教諭は、「論理エンジン」を導入して、論理的思考力を高める授業を開発しています。言葉力をゆたかに育て国語力を高める独自の「堀口メソッド」は有名です。

数学科の藤井教諭は開智中学・高等学校（中高一貫部）から異動しました。独自のテキストを開発し、「試行力・直観力・説明力・俯瞰力」を養成する「数学教育理論」で、数学好きの生徒を育てます。

社会科の工藤教諭は、文部科学大臣表彰を受けた世界史教育の第一人者です。独自に開発した「世界史マスターテキスト」と独特な語りで歴史的・地理的思考に誘う授業で生徒たちを魅了しています。

理科の北爪教諭は開智高等学校（高等部）から異動しました。明快で芯を通す「化学」は生徒たちから高く評価されています。「仮説・検証・観察・分析」を重視する「開智未来の理科教育」を創ります。また開智での進路指導主任のノウハウを開智未来に活かします。

英語科の高岡教諭は、「開智未来英文法テキスト」を開発し、パワーあふれる授業で生徒を伸ばします。また、コーチング理論を応用した教育指導、進路に関するデータ分析にも定評があります。

保健体育科の小林教諭は、授業姿勢を支える体幹づくりや速く走る方法、パワーヨガやペア駅伝など、学力を支える「開智未来の体育」を開発しています。前任の開智高等学校（高等部）では、進路実績をだす学年主任として評価も高く、きめ細かい生徒への指導にも定評があります。

「朝の学び合い」

偏差値10アップのサプリを説明会で実施

開智未来では、「育てる生徒募集」という取り組みを行っています。昨年度は説明会や各地で１０８回のサプリを行い５０００名以上の小中学生と保護者の方に、校長自らが開発した「学びのサプリ」を体験していただきました。今年度も夏期説明会での「インプット編」に続き、2学期は「スループット編」・「アウトプット編」とその時期にふさわしい内容を準備しています。「伸びたい生徒、伸ばしたい教員、伸びてほしいと願っている保護者の気持ちが1つになった学校」それが開智未来のスローガンです。

「関根校長のサプリ」

3期生募集。コースと入試が変わります

1期生・2期生と、最難関国立・早慶を目指す未来クラス（1クラス募集）が2クラス編成となったことを受け、3期生よりT未来クラスを新設、特待生を中心に編成し、より高質な学習を展開します。

また、3期生よりさいたま市開智高等学校との同一試験から、開智未来独自の問題になります。夏休みの説明会以降、模擬問題を配付し、入試対策の講座も実施します。開智未来の求める学力を示した問題であると同時に、公立難関校との併願を目指す受験生にも取り組む方向性が同じように作成されています。

本気で伸びたいと思っている人だけ来てほしい

開智未来高等学校

募集定員 132名

（T未来クラス32名・S未来クラス32名・開智クラス68名）

※説明会・入試・教育内容について、詳しくはホームページをご覧ください。

所在地　〒349-1212 加須市麦倉1238　http://www.kaichimirai.ed.jp/
TEL 0280-61-2031　「栗橋」駅・「加須」駅・「羽生」駅・「古河」駅より
スクールバス運行

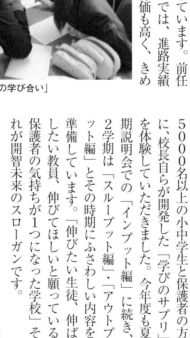

※このページは45ページから読んでください。

そこから「得点が60点の生徒」の総得点を引くと、

$3430 - 420 = 3010$

これが、bとcとdの合計得点だね。つまり、

$40b + 50c + 70d = 3010$

$4b + 5c + 7d = 301$

$7d = 301 - (4b + 5c)$ … (i)

というわけだ。

(い)　さあ、ここでウの条件を利用しよう。条件は「評価Bのなかでは、得点が60点の生徒の人数が最も少ない」というのだ。

「得点が60点の生徒の人数」は7人だから、bとcとdは、すべて8か8より大きい数だ。

$b \geqq 8 \quad c \geqq 8 \quad d \geqq 8$

ということだね。

だから、(i) のうちの $(4b + 5c)$ の部分は、

$4b + 5c \geqq (4 \times 8) + (5 \times 8)$

$4b + 5c \geqq 72$

ということになる。

(う)　$4b + 5c \geqq 72$ を (i) に当てはめるとどうなると思う？

こうなるんだよ。

$7d = 301 - (4b + 5c)$

$7d \leqq 301 - 72 = 229$

(ここがわかるかな？　もしわからなければ、学校や塾の先生に納得できるまで教えてもらうといい)

$d \leqq 229 \div 7 \fallingdotseq 32.714$……

dは整数だから、

$d \leqq 32$

ということだ。

(え)　dが32か32よりも小さい数だと判明したね。では、借りに$d = 32$だとしたら、どうだろうか。次の表を見るとわかりやすいだろう。

評価	B			
得点(点)	40	50	60	70
人数(人)	b	c	7	32
総人数	56			
総得点	40b	50c	420	2240
	3430			

この表から考えると、

$b + c + 7 + 32 = 56$

$b + c = 17$…… (ii)

また、

$40b + 50c + 420 + 2240 = 3430$

$40b + 50c = 770$

$4b + 5c = 77$…… (iii)

(iii) から $(ii) \times 4$ を引くと、

$$\begin{array}{rl} & 4b + 5c = 77 \\ -) & 4b + 4c = 68 \\ \hline & \quad\;\; c = \;\;9 \end{array}$$

$c = 9$ を (ii) に代入すると、

$b + 9 = 17$

$b = 8$

この$b = 8$と$c = 9$を表に書き込むと、次のようになる。

評価	B			
得点(点)	40	50	60	70
人数(人)	8	9	7	32
総人数	56			
総得点	320	450	420	2240
	3430			

この表の数値には、矛盾するところはないね。

だから、「得点が70点の生徒の人数」は32人で正しい、というわけだ。

解答（3）32人

最後に、評価Bの総人数と総得点の計算を載せておこう。

※評価Bの生徒の総人数の計算

合格者＝66人

合格者＝評価A＋評価B

評価A ＝10人

∴　66人－10人＝56人

評価B ＝56人

※評価Bの生徒の総得点の計算

合格者の平均点＝65点

合格者の人数＝66人

合格者の総得点＝65点×66 ＝4290点

評価Aの総得点＝860点

評価Bの総得点＝合格者の総得点－評価Aの総得点

＝4290点－860点＝3430点

編集部より

正尾佐先生へのご要望、ご質問はこちらまで！

FAX：03-5939-6014　e-mail：success15@g-ap.com

※高校受験指南書質問コーナー宛と明記してください。

※このページは45ページから読んでください。

・評価Aの生徒の平均点

・評価Cの生徒の平均点

の2つだね。

「評価Aの生徒の平均点」はこう計算できる。

$(80 \times 5 + 90 \times 4 + 100 \times 1) \div (5 + 4 + 1)$

$= (400 + 360 + 100) \div 10$

$= 860 \div 10 = 86$（点）

「評価Cの生徒の平均点」はこうだ。

$(0 \times 4 + 10 \times 2 + 20 \times 5 + 30 \times a) \div (4 + 2 + 5 + a)$

$= (0 + 20 + 100 + 30a) \div (11 + a)$

$= (120 + 30a) \div (11 + a)$

続いて、「評価Aの生徒の平均点は、評価Cの生徒の平均点より70点高い」という条件を数式にすると、

$(120 + 30a) \div (11 + a) + 70 = 86$

これを計算すると、

$(120 + 30a) \div (11 + a) = 16$

$120 + 30a = 16 \times (11 + a)$

$120 + 30a = 176 + 16a$

$14a = 56 \quad \therefore a = 4$

おや？　この $a = 4$ というのは、(1) の解答ではないか！　「しめしめ、ラッキーだぜぇ」というわけで、(1) の答えは4だ。

解答（1）4人

では、さっそく表の a に4を入れてしまおう。

評価	C				B				A		
得点（点）	0	10	20	30	40	50	60	70	80	90	100
人数（人）	4	2	5	4	b	c	7	d	5	4	1

続いてイだ。「合格者の平均点」が65点で、「得点が30点の生徒も合格者に含め」たときの「合格者の平均点」を数式にしてみよう。

・「合格者の平均点」＝65点

・（合格者の人数を x とすると）合格者の総点＝ $65x$ 点

同じように考えると、

・「30点の生徒も合格者に含め」た「合格者の平均点」＝63点

・この場合の合格者の人数＝ $(x + 4)$ 人

・この場合の合格者の総点＝ $63(x + 4)$ 点

・「得点が30点の生徒」の総点＝ $30 \times 4 = 120$

ということになる。

だから、以下の式が成り立つ。

$65x + 120 = 63(x + 4)$

これを解くと、

$65x + 120 = 63x + 252$

$2x = 132 \quad \therefore x = 66$

つまり、合格者（＝評価Aと評価B）の人数が66人だと判明した。

ということは、これに評価Cの15人を加えると、全員で81人になるというわけだね。

おや？　この $66 + 15 = 81$ というのは、（2）の解答ではないか！　「なんとまあ、またまた、ラッキーだぜぇ」というわけで。

解答（2）81人

条件のアとイを数式で表わすと、おのずと（1）・（2）の解答に到達した。

この調子でいくと、ウから問（3）の正答にたどりつきそうだ、と思うだろうなあ。

でも、そうは問屋が卸さない（「そうは問屋が卸さない」って、意味がわかるかな？）

さて、ここまで計算して判明した数を表に書き込んでみよう。

評価Bの総人数と総得点も計算すれば判明する。それも書き込んでおくぞ（この計算のしかたは、一番最後に書いておこう）。

評価	C				B				A		
得点（点）	0	10	20	30	40	50	60	70	80	90	100
人数（人）	4	2	5	4	b	c	7	d	5	4	1
総人数	15				66 − 10 ＝ 56				10		
総得点	0	20	100	120	40b	50c	420	70d	400	360	100
	240				65 × 66 − 860 ＝ 3430				860		

では、問（3）にとりかかろう。

（3）得点が70点の生徒の人数は（　③　）人である。

これは、「70点の生徒の人数」＝ d をどのようにして確定するか、という問いで、かなりの難問だ。じっくりと説明をしなければいけないだろう。以下の（あ）〜（え）をよく読んでほしい。

（あ）　表からわかるように、評価Bの総得点は3430点だ。

教育評論家 正尾 佐の

高校受験指南書

Tasuku Masao

七拾の巻

今年出たおもしろい問題3【数学】

「今年出たおもしろい問題」シリーズの最後は数学だ。といっても、今年は英語と同じように、数学も「これはおもしろいよ！」という問題はなかった。

で、ややおもしろい問題として、筑波大附属の問題を取り上げる。

ある集団の生徒を対象に、1問10点で10問（100点満点）のテストを行った。次の表のように、テストの得点に応じて評価をつけ、評価A、Bを合格、評価Cを不合格とした。？となっている欄の人数は不明である。

評価	C				B				A		
得点（点）	0	10	20	30	40	50	60	70	80	90	100
人数（人）	4	2	5	？	？	？	7	？	5	4	1

次のア、イ、ウがわかっている。

ア．評価Aの生徒の平均点は、評価Cの生徒の平均点より70点高い。

イ．合格者の平均点は65点であるが、得点が30点の生徒も合格者に含めると、合格者の平均点は63点となる。

ウ．評価Bの中では、得点が60点の生徒の人数が最も少ない。

このとき、次の①～③の［　　］にあてはまる数を求めなさい。

（1）得点が30点の生徒の人数は［①］人である。

（2）この集団の生徒の総数は［②］人である。

（3）得点が70点の生徒の人数は［③］人である。

おやおや、「なんだよ、なにげにめんどい問題だ。こんなの、どこがおもしろいんだよ」という声がワガハイの耳に聞こえてくるぞ。

確かに数学の苦手な人にはおもしろくないだろうな。だが、数学の好きな人には結構おもしろく感じられるはずだ。

テストの得点と合格・不合格という題材だから、ほかの問題に比べて、少しはおもしろく感じてくれ。と、まあ、おしつけがましいが、やる気満々の人たちや最難関校を志望している人たちは、この問題に挑戦してくれ。

では、解き方を説明しよう。

解き方のポイント ☞ 「？」を記号に置き換える。

こういう問題は表のなかの「？」がカギだ、要《かなめ》だ、ポイントだ。「？」が問いを解くのに大活躍をする。

声を大にして言いたいのは、うっかり4つの「？」が全部同じ数と思い込んではいけない、ということだ。同じ数だとは限らないのだ。いや、むしろ、別々の数値だと考える方がいい。

そこで、表の「？」を以下のように、記号に変えてしまおう。

評価	C				B				A		
得点（点）	0	10	20	30	40	50	60	70	80	90	100
人数（人）	4	2	5	a	b	c	7	d	5	4	1

このように、「?」を a,b,c,d と置き換えておいてから、アの条件を整理するのだ。

アで整理できるのは、

宇津城センセの受験よもやま話

ある老人の口述①

宇津城 靖人先生
早稲田アカデミー　特化ブロック　ブロック長
兼 ExiV西日暮里校校長

私が生まれましたのは戦争が終わる直前でしたから、戦争の記憶があるかと問われますと、正直あまりないんですよ。物心ついたころにはもう戦火も静まっていましたから。戦後の動乱と申しますか、生きていくのが大変だったということは確かにいまと比べると、少しはあったかもしれませんがね。

私の父は大昔に煎餅屋を営んでおりまして。幼いころ煎餅をひっくり返すのを手伝わされた記憶があります。煎餅ってね、炭で焼くんですよ。七輪の網のうえにこうやって並べて、醤油をヘラでぺたぺた塗って、ころあいを見てひっくり返してまた醤油を塗る。何層にも醤油のね、あの焼けた層が重なっていくと、次第にいい色に染まっていくんですよ。光沢のある茶色にね。昔は何種類もの煎餅を、いまのケーキ屋さんみたいにガラスケースに入れて並べて売ってたんですよ。もちろんいまみたいな洒落たショーケースじゃあなくって、ガラス瓶の大きなやつにね、こうやって煎餅を詰めてね。

私は末っ子だったということもあって、比較的兄弟のなかでは楽をさせてもらった方だと思いますね。昔は兄弟が多いのが普通でしたから。うちは6人兄弟でしたけど、末っ子だし、男だしってことでね、かなり甘えさせてもらいましたよ。姉たちは女だからっていろいろと家の仕事をさせられてましたがね。昔は男が先で、女があとって考え方がまかり通っていましたから、食事とかお風呂の順番とか、男が先に済ませるんです。一番風呂は家長にって考え方でね。古臭いでしょ。でも、それが当たり前だった。ウチの親父はいつも一番に風呂に入ってましたね。

その親父が煎餅屋から突然転身しまして、「これからはゴムの時代だ！」なんて言って、ゴムチューブを作り出して。ちょうど時代も自転車とか自動車とかでゴムの需要も増えてきていましたから、ゴム屋になってだいぶ儲かってたようでした。煎餅？　ああ、煎餅屋はたたんでしまったんですよ。ゴム屋稼業が忙しかったみたいでね。だから、子供のころからお金には苦労せずに過ごすことができました。私も大学まで行かせてもらいましたし。兄弟たちですか？　まあ大学に行ったのは男兄弟だけでしたね。

頼子と出会ったのは、私が勤め始めたころでした。私は昔から音楽が好きでして、それが高じてレコード針を扱う会社に就職したんです。まだ昭和の時代はレコードが主流だったんですよ。サファイアとかダイアモンドでできた針が主力商品でしたが、よく売れてましたね。CDが出回るまでは本当にうまくいっていたんです。レコードの衰退とともに会社は解散してしまったんですけど。

頼子と出会ったのは、大塚の喫茶店でなんです。恥ずかしい話なんですけど、私から声をかけまして。ええ、いまで言う「ナンパ」ってやつですか？　会社の近くにある喫茶店で昼飯を食べていたら、かわいらしい子が入ってきまして。ああ、これはいま声をかけないと後悔するって直感的に思ったんですよね。それで、私の電話番号を伝えたんです。「きみが電話をかけてくれるまで、ぼくは毎日この喫茶店で昼飯を食べ続ける」って言ってね。いまだとストーカーみたいだって言われちゃうかもしれませんけど。そのときはもう、真剣でしたから。おかげさまで、無事に4日後には電話がありまして。ええ。1年ほど交際して結婚することになりました。

　私はだめな父親でしたね。とにかく仕事一徹でしたから、家庭を顧みない生活をしていました。でも、私の世代の父親はみんなそんなもんだったんじゃないかな。結婚して2年目に娘が生まれたときは、それはそれはうれしかったのですけど。私自身の末っ子気質も災いしまして。自分が優先されないことにあまり慣れていませんでね。男は一番先っていう幼少期を過ごしてたものですから。いろいろギャップに苦しみましたよ。

　ちょうど会社もCDだのLDだのが出回り始めてゴタゴタしていたころに、娘も多感な時期を迎えていましてね。いわゆる思春期ってやつですか？　私も仕事が大変だったもので、イライラしてよく娘とぶつかりましたわ。「お父さんはなにもわかっていない」って言われるのがいつも癪《しゃく》でしたね。ケンカばかりしているうちに、次第に関係が悪化していったんです。まあ一番の溝が生まれたのは、頼子が逝ってしまったときなんですけど。

もともと妻は体が弱くてね。結婚当初からずいぶん入退院を繰り返していたんですよ。生まれつき腎臓が悪かったから、いろいろとつらい思いをしてきたんだろうね。いつも娘と私に「申し訳ない」って謝ってばかりでね。かわいそうな女でした。娘が生まれてからもよくはならなくて。だから私にとっても娘にとっても、頼子は年の半分は病院に入院しているみたいな感覚がありましたね。

　頼子が亡くなる間際に倒れて最期に入院したとき、私の会社もちょうど解散するって決まる直前だったんですよね。喧《けん》喧諤諤《けんがくがく》、会社を存続させる派と解散する派に分かれて戦っていました。当然職員たちの家族や生活もあるわけですから、いい加減にはできないじゃあないですか。そんな戦いのなかで合間をぬって病院に見舞いに行ったんですよ。仕事がひと段落してだから、どうしても花屋も開いてない時間にしか行けなくてね。仕方なく線路沿いの植垣に咲いてるアジサイを摘んで持っていきました。夜な夜なこっそり病院に忍び込んだんですよ。ほら、面会の時間とかって、結構早く終わっちゃうでしょ。だからこっそりと。頼子は私の持っていったアジサイを気に入ってくれてたみたいでした。でも、娘からすると仕事を中断してでも駆けつけてこない父親は許せなかったみたいです。きちんと花を買ってくることもできないのかって、あとで叱られました。まあ、気持ちもわかります。その前から私と娘は、妻の腎臓はもう持たないって医者から聞かされていましたから。

　アジサイってじつは時期によって色が変化していくんです。だから「七変化」なんて呼び名もあるくらいでしてね。最初は青い花だったのに、次第に赤みを帯びていったりするんですよ。日々アジサイを摘んで病院に行くんですけど、次第に色が赤っぽいものになっていったんですね。そしたら頼子が「アジサイは青いのがいい」って青色吐息ながらに言うものですから、仕事のあと月明かりの下で青いアジサイを探してまわりました。本当に、私ができるのはそれぐらいしかなかったんです。もう死にゆく妻にしてやれることは。花屋で買うんじゃあダメなんです。私が自分で探すことが大切だったんです。ええ、そうです。単なる自己満足かもしれません。でも、妻に「私が探した」青いアジサイを渡してやりたかった。だから必死で探しました。でも、どうしても見つからないんです。アジサイは開花の時期が同じだから、みんな赤みを帯びているものばかりで。さんざ歩き回って歩き回って、やっと見つけたときにはもう明け方に近い時間になってました。その足で急いで病院に駆けつけたんです。だけど病院に着いたときには、もう手遅れで。そうなんです。頼子は、もう亡くなっていたんです。

　無様でした。ボロボロになって青いアジサイを握り締めて病院に着いたとき、娘に泣きながらなじられました。「どうして死に目にも会ってやれないんだ！」って。「最期までお母さんのことは二の次なのか！」って。当然ですよね。私には返す言葉もありませんでした。

　妻の葬儀が済んだあと、娘は家を出ていきました。もう大人でしたし、自分で生きていける年齢だから当たり前なんですけれど。やっぱり私と2人で生活するのは辛かったんでしょうかね。娘ですか？　ええ、それっきりです。なんだか結婚して子供ができたっていう話は風のうわさで聞きましたけれど。孫に会いたくないかって？　そりゃあなた、会いたいに決まっているじゃあないですか。でもね、私にはその資格も権利もないんですよ。二の次にしてきた罰なんです。きっと。

　女の子だそうですよ、孫は。「さっちゃん」って呼ばれてることは知ってるんです。10年くらい前にウチの娘が幼い女の子を連れてデパートに来ているのを見かけた人がいましてね、教えてくれたんです。「さっちゃん」って呼んでたって。元気に幸せに生きてくれていればいいなと願うだけですよ。

　庭のアジサイですか？　ええ、きれいでしょう？　アジサイはアルミニウムを吸って花びらが青くなるんです。だから土にはミョウバンを混ぜてあげるといいんですよ。どこかのだれかが私みたいに青いアジサイを探しまわって困らないように、毎年大切に育ててるんです。やっぱり、アジサイは青くないと。

国語

東大入試突破への現国の習慣

**継続は力なり！
一つひとつの積み重ねが、
途方もないアドバンテージ
となるのです。**

田《た》中《なか》 利《とし》周《かね》先生
早稲田アカデミー教務企画顧問

東京大学文学部卒。東京大学大学院人文科学研究科修士課程修了。文教委員会委員。現国や日本史などの受験参考書の著作も多数。早稲田アカデミー「東大100名合格プロジェクト」メンバー。

慇・懃・無・礼?!
今月のオトナの四字熟語
「成功体験」

「成功体験」と聞くと皆さんはどんなイメージを抱きますか？ ビジネスで巨万の富を築いた創業社長が自らの「サクセスストーリー」を語る、なんてところでしょうか。米国アップル社の設立者の一人として有名なスティーブ・ジョブズ氏の伝記がベストセラーになったことも記憶に新しいところですよね。そうしたカリスマ的な指導者による「功成り名遂げた」体験談、というのがいわゆる「成功体験」を語るという行為の一般的なイメージではないでしょうか。

受験の世界で「成功体験」を語るということになると、それはやはり「合格体験記」が思い浮かびますよね。憧れの学校を受験して見事合格を果たした先輩たちの体験談、というのは皆さんにとっても心強い「水先案内」となることでしょう。

「成功」という結果を手に入れた者の言葉は、これからチャレンジする者の心に響くことは間違いありません。「志望校合格」という最高の結果を手に入れた先輩の言葉は、受験生の心を何よりも動かすことと同様です。けれども今回このコーナーで「成功体験」という言葉を取り上げてみたのは、「成功」という結果を手に入れた後に振り返って「体験」を語る、ということではなくて、「成功」に到達するまでの過程において、数限りなく積み重ねてきた「体験」があるのだ！ ということについて、皆さんに知っておいてほしいからなのです。結果としての成功、ではなくて、プロセス（過程）としての成功。このことについてお話ししたいと思います。

ワタクシ田中がこのコーナー（東大入試突破のための「現国の習慣」）を担当させてもらっているのは、これまで数多くの教え子を東大に合格させてきたから…というよりも、多くの教え子が勝手に（笑）東大に合格してくれたからにほかならないのですが、東大合格という受験結果＝「成功体験」を手に入れた彼ら・彼女らを長年見続けてきて思うことは、むしろ合格に至るまでのプロセスにおいて、いかに多くの「成功体験」を彼ら・彼女らが積み重ねてきたことか、その重要性についてなのです。

そもそも「東大を受験しよう！」という意志を持つこと自体が、実は東大受験において最大の関門であったりするのですよ。記念受験でもない限りは、「合格するぞ！」と思ったうえで、最難関である東大の門をくぐろうと決意したわけですから、よほど学力に自信がなければ思いきれないだろうと、皆さんそう考えませんか？　実際にそう考える受験生が多いからこそ、東大の入試倍率はいつも3倍程度なのです。受験してしまえば「三人に一人」合格するのです。10倍を超えるような学部もある難関私立大学に比べれば「桁違い」の合格しやすさ？　です。いかに受験にたどり着くまでに「あきらめて」しまう受験生が多いのか、ということが分かる数字になっていますよね。

では、あきらめずに初志貫徹を遂げて、見事東大合格を果たした先輩たちは、順風満帆の受験勉強を続けてきたのだと言えるでしょうか？　「模試を受りてもずっと結果の良かった人たちが受験してるのだから、当然じゃないですか」と皆さんは思うかもしれません。ところが、東大合格者の多くは模試の成績が安定していたわけではないのです。「良い時もあれば悪い時もある」という、ごく一般的な波をえがいていたに過ぎません。

受験勉強を長距離レースのマラソンにたとえることは多いのですが、東大受験をたとえるのならトライアスロンがふさわしいでしょうね。これでもか！　と言わんばかりに次々と過酷な種目が続くようなものです。

そんな状況であっても、すなわち、「模試を受けても成績が思うように伸びない」だの、「科目数が多すぎて勉強が間に合わない」だの、ネガティブな要素が積み重なって「もう、あきらめよう」という気持ちが心の中で膨れ上がってきそうな…、むしろそんな時にこそ、「何とかできる！」とポジティブに思えるかどうか。そこで自分自身を信じられるかどうか、ここにかかっていると言えるのです。

先日、現役東大二年生の教え子と再会して、近況を語り合う機会があったのですが、そこで教え子の特徴的な語り口に気がつきました。「何々についてどう思う？」と、彼に意見を求めたところ、必ず「僕の中では決まっていて」と始めるのです。つまり、「結論ありき」で語り始めるのです。自信満々で頼もしい限りなのですが、オトナの世界においては、あまりに危なっかしい対応ですね。これから社会人として「揉まれて」いくことになるでしょう（笑）。けれども、この我われオトナから見れば「根拠なき」自信こそ、東大生の特徴なのです。ワタクシも数十年前の自分を彼に重ね合わせて、思わず苦笑してしまいました。自分もそうだったと。

ここで結論。「成功」の基準に客観的な根拠などない！　ということです。「うまくいった！」と自分が思えたらば、それはすべからく「成功体験」と考えるべし！　つまり、何でもかんでも自分の「できた」ことを、ポジティブにとらえ続けていくべきなのです。遠慮はいりません。「僕の中では最高！」と、勝手に成功し続けていけばいいのですから。そのことの積み重ねによって、途方もないアドバンテージが生み出されることを、ぜひ理解してほしいのです！

慇・懃・無・礼?!
今月のオトナの四字熟語
「世代交代」

この夏は皆さんもオリンピック観戦に熱中したことでしょう。受験勉強で忙しい三年生でも、ついついテレビをつけて応援してしまい、寝不足を悔やんだのではないでしょうか？　後悔しても始まりません（笑）。しっかりと次に向けて気持ちを切り替えて、リフレッシュして二学期をスタートさせましょう。選手の皆さんから「元気をもらった！」と前向きに考えることです。プレーに集中する選手たちの姿を見て、こちらも身が引き締まるような思いがしましたよね。ちなみに前回の北京オリンピックの年には、既に「現国の習慣」の連載は開始されていましたので、この四字熟語のコーナーでもトピックとして扱っています。取り上げたコトバは「一意専心」でした。「一意」は一途に一つのことに心を注ぐこと、「専心」は心を一つのことに集中すること。中国の古典からの用例であり、訓読すると、「意を一にし、心を専らにす」と読むことになります。「他に心を向けず、ひたすら一つのことに心を集中すること」「わき見をせず、そのことのみに心を用いること」という意味は、漢字を見るだけでも浮かんできそうですよね。

この言葉を当時誰が口にしたかというと…北京で堂々の金メダル二連覇を成し遂げた水泳の北島康介選手でした。二〇〇八年オリンピックイヤーのスタートにあたり「今年は『一意専心』の言葉通り、ただひたすらに一つのことに集中して頑張りたい」と決意を語っていたのです。あれから四年。残念ながら三連覇は達成できませんでしたが、それでも「悔いはない」という言葉を残した北島選手は、さわやかな「世代交代」を印象付けました。競泳日本の後継者たちにその精神は受け継がれていくことでしょう。ちなみに「後継者」を英語ではsuccessorと言います。この月刊誌は『サクセス15』ですが、successの動詞形がsucceed。これには「成功する」という意味のほかに、「あとを継ぐ、後任になる」という意味もあるのですよ。皆さんも「本気でやる」の早稲アカ精神の継承者として、ぜひ成功をおさめてくださいね！

また、円Oの半径をx(cm) すると、OM=$x-9$(cm)

よって、△OAMにおいて三平方の定理より、$AM^2+OM^2=AO^2$だから、

$21^2+(x-9)^2=x^2$

が成り立つ。これを解いて、$x=29$(cm)

次も、円と三平方の問題としてよく出題されるものです。

問題2

右の図において、四角形ABCDはAB=4cm、AD=6cmの長方形である。

円Pは、辺AB、辺BC、辺ADに接しており、円Qは辺BC、辺CDに接している。また、2円P、Qの中心を結んだ線分PQの長さは、2円P、Qの半径の和に等しいものとする。

円Qの半径の長さは何cmか。　　（都立西）

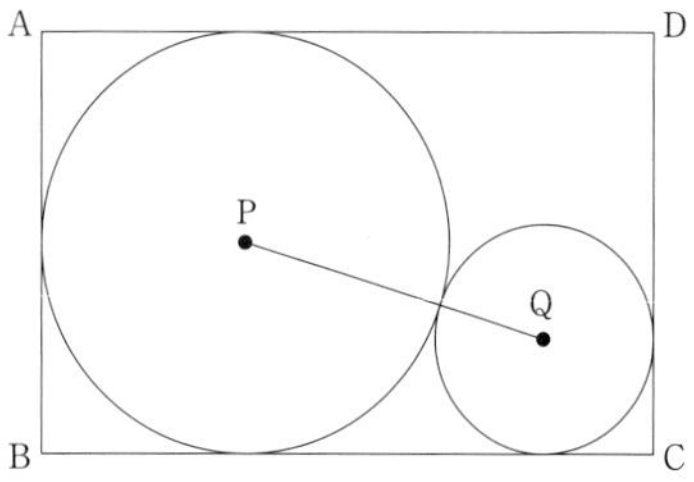

<考え方>

線分PQを斜辺とする直角三角形を考えます。

<解き方>

円Qの半径を$x$cmとすると、円Pの半径は2cmだから、PQ=$2+x$(cm)、PV=$2-x$(cm)、QV=$6-2-x=4-x$(cm)と表せます。したがって、△PQVにおいて三平方の定理より、

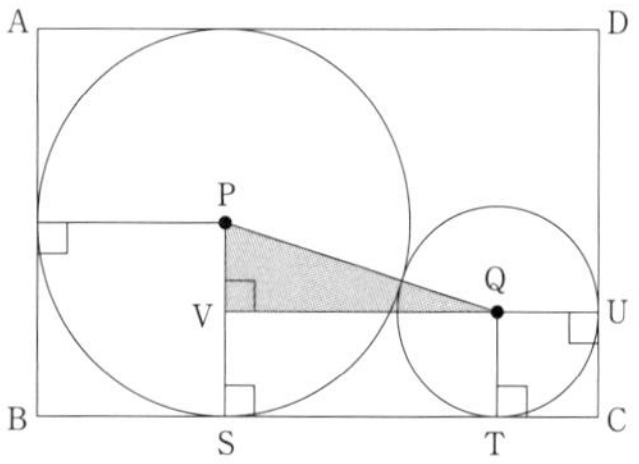

$(2+x)^2=(2-x)^2+(4-x)^2$が成り立ちます。

これを整理すると、$x^2-16x+16=0$

これを解いて、$x=8\pm4\sqrt{3}$

$x<2$より、$x=8-4\sqrt{3}$(cm)

三平方の定理の応用としては、次の特別な三角形にかんする問題や相似な図形との複合問題などが多く出題されています。

特別な三角形(三角定規)

＊45°の角をもつ直角三角形(直角二等辺三角形)

⇔　辺の比は$1:1:\sqrt{2}$

＊30°、60°の角をもつ直角三角形

⇔　辺の比は

$1:2:\sqrt{3}$

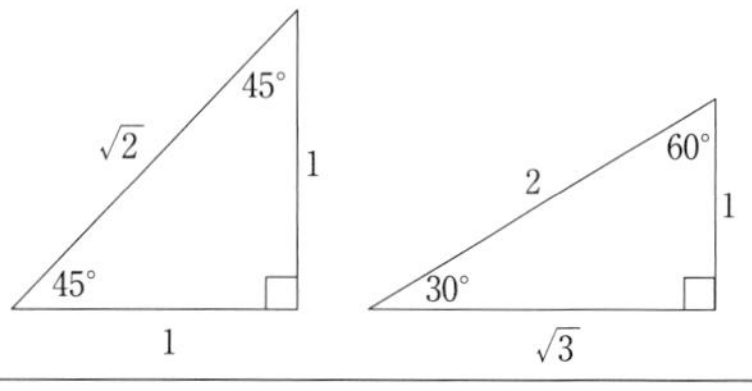

これについて、次の問題を見てください。

問題3

図1のように、1辺の長さが6cmの正三角形ABCがある。辺BC上に点D、辺AC上に点Eがあり、DE⊥AC、AE：EC=2：1である。次の各問いに答えよ。

（成蹊）

図1

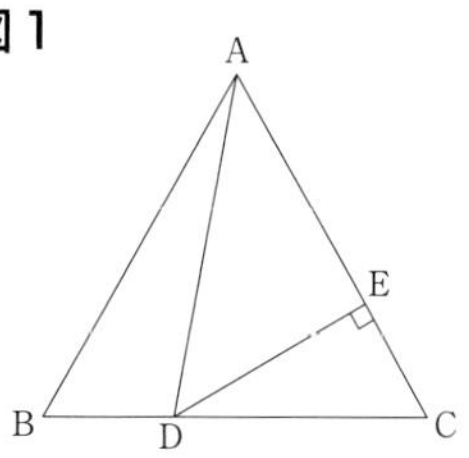

(1)　ADの長さを求めよ。

次に、図2のように線分ADにそって△ABCを折り曲げる。折ったあとの点Cの位置をC′とし、線分ABと線分C′Dの交点をFとする。

図2

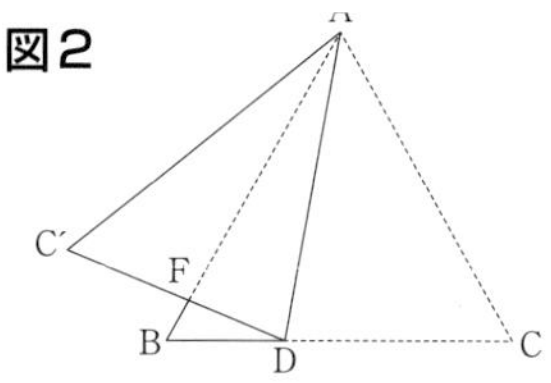

(2)　FBの長さを求めよ。

(3)　△AC′Fの面積を求めよ。

<考え方>

(2)　相似の比例式を利用します。

<解き方>

(1)　AE：EC=2：1より、AE=4(cm)、EC=2(cm)

△EDCは30°、60°の角を持つ三角定規の形だから、DC=2EC=4(cm)、DE=$\sqrt{3}$EC=$2\sqrt{3}$(cm)

よって、△ADEにおいて三平方の定理より、

AD=$\sqrt{4^2+(2\sqrt{3})^2}=2\sqrt{7}$(cm)

(2)　FB=x(cm)とすると、AB=6(cm)より、AF=$6-x$(cm)

また、2組の角がそれぞれ等しいから、△BDF∽△C′AF

ここで、BDとC′Aの長さから相似比は1：3だから、FC′=3FB=$3x$(cm)

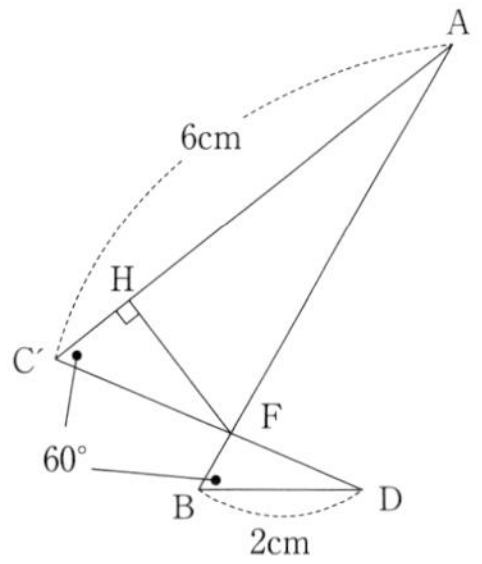

C′D=CD=4(cm)だから、DF=$4-3x$(cm)

よって、FD：FA=1：3より、$(4-3x)：(6-x)=1：3$

これより、FB=$x=\frac{3}{4}$(cm)

(3)　Fより辺AC′に垂線FHを引くと、△FC′Hは30°、60°の角を持つ三角定規の形で、(2)よりFC′=$3\times\frac{3}{4}=\frac{9}{4}$(cm)だから、

FH=$\frac{\sqrt{3}}{2}$FC′=$\frac{\sqrt{3}}{2}\times\frac{9}{4}=\frac{9\sqrt{3}}{8}$(cm)

よって、△AC′F=$\frac{1}{2}\times6\times\frac{9\sqrt{3}}{8}=\frac{27\sqrt{3}}{8}$($cm^2$)

三平方の定理を学習することによって、辺の長さから図形の高さや対角線の長さを求めたり、座標平面上の2点間の距離を求めたりするなど、図形に計算の要素が大幅に加わってきます。かなり複雑な計算が必要な場合も少なくありませんので、練習を重ねることで正確な計算力と図形の基本定理の両面を充実させていきましょう。

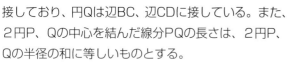

WASE-ACA TEACHERS

数学

楽しみmath 数学！DX

三平方の定理とその応用問題

登木 隆司先生
早稲田アカデミー　城北ブロック ブロック長
兼 池袋校校長

今月は三平方の定理とその応用を学習しましょう。

三平方の定理とは、直角三角形の斜辺の長さをcとし、その他の辺の長さをa、bとしたとき、

$a^2+b^2=c^2$

（斜辺の平方は他の２辺の平方の和と等しい）

という関係が成り立つことを言います。

その証明には数十種類（または数百種類！）も異なる方法があるそうです。下図はピタゴラスが示したといわれる図形の移動を利用した証明です。

教科書にもいくつか証明が載っていると思いますが、定理の証明が入試に出題されることもありますので、見ておくことをおすすめします。

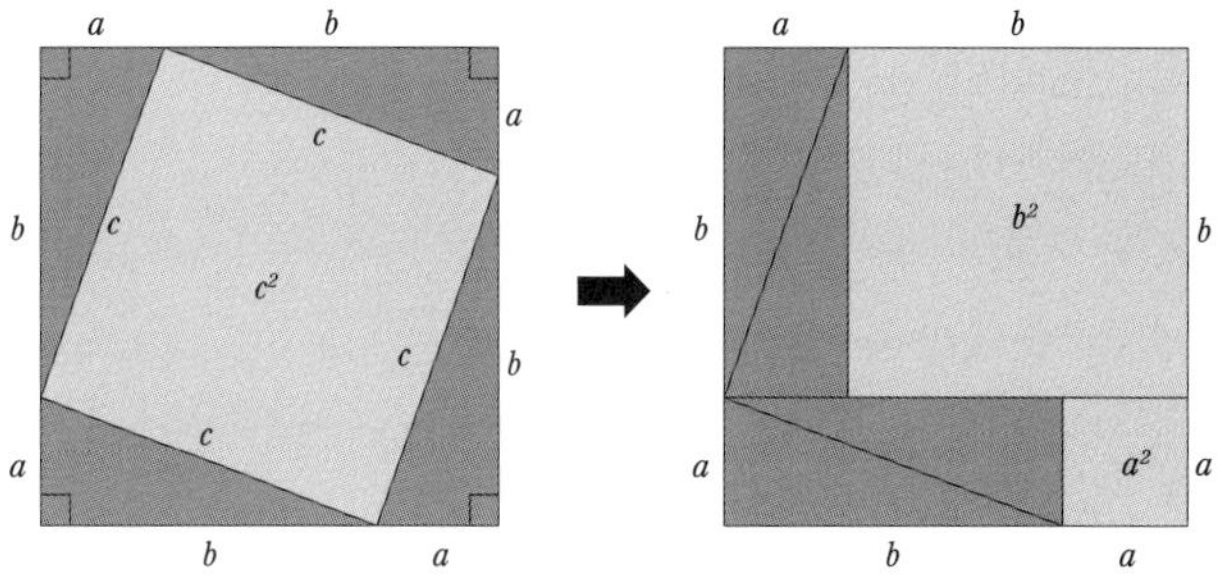

まずは円と三平方の定理の問題から見ていきましょう。

問題1

図１のように、地中に半分以上埋まっている丸太がある。図２のように、この丸太の切り口は円であり、地上に出ている部分を測ると、高さが9cm、弦の長さが42cmであった。

このとき、この丸太の切り口の半径をもとめなさい。

ただし、丸太の切り口は地面と垂直であるものとする。（千葉県）

図１

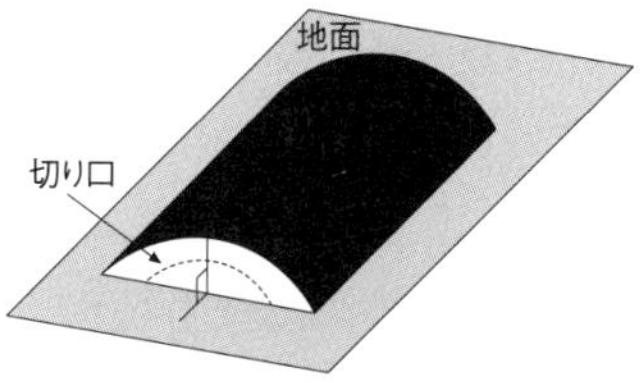

図２

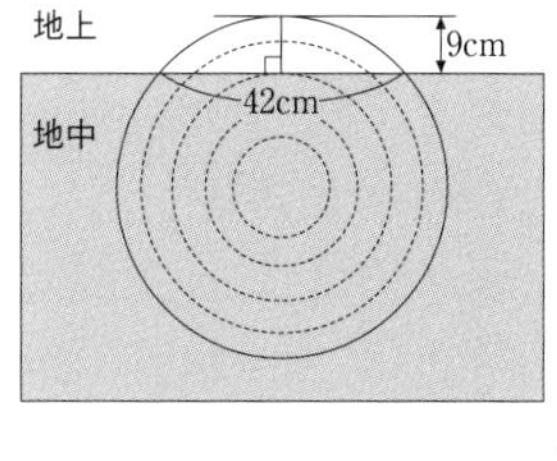

<考え方>

中心から弦に垂線を引くと、弦の中点を通ります。

<解き方>

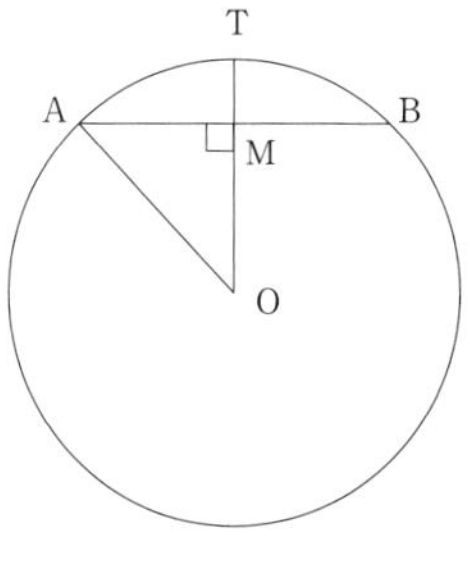

円の中心をO、弦の両端をA、Bとし、図のように、中心Oから弦ABに引いた垂線と弦ABとの交点をM、円周との交点をTとする。

このとき、AM＝BMとなるので、AM＝21（cm）

WASE-ACA TEACHERS

英語

ニュースな言葉

Ichiro Suzuki

川村 宏一先生
早稲田アカデミー　教務部中学課　上席専門職

Ichiro Suzuki, who has been played with the Mariners since 2001, was traded to the Yankees.

現在、メジャーリーグで活躍している日本の野球選手はたくさんいますが、チーム移籍で大変注目を浴びた選手と言えば？ 「イチロー／Ichiro」選手ですね。

今回の英文は、イチローの移籍が決まったことを伝えています。日本語でも「選手のトレード」のように'trade'という言葉がそのまま用いられていますが、これは「商う、売買する、取引する、交換する、貿易する」という意味の動詞です。

この英文のポイントは、代名詞と接続詞の働きをする「関係代名詞」です。関係代名詞には、'who・which・that・what'があり、修飾される先行詞によって使い分けられます。今回の英文は'Ichiro Suzuki'という「人物」を説明しているので、関係代名詞には'who'が用いられます。

文中の固有名詞'Ichiro Suzuki'と関係代名詞'who'の間にコンマがありますが、このコンマは重要ですから省いてはいけません。先行詞と関係代名詞の間にコンマが置かれている場合、関係代名詞の導く文が先行詞について説明を補足する「非制限用法」となります。反対に、関係代名詞が導く文が先行詞を明確にしたり限定したりするようなときは「制限用法」と言います。

イメージとしては、「イチローは野球選手である」という情報だけを知っている友だちに、さらに詳しくどんな選手なのかを補足説明するのが「非制限用法」という感じです。

では、この英文を関係代名詞が「非制限用法」であるとわかるように日本語に訳してみましょう。

'Ichiro Suzuki, who has been played with the Mariners since 2001,／(イチローは、2001年からマリナーズで試合をしていたが、)／was traded to the Yankees.／(ヤンキースに移籍した。)'

じつはこの英文、'Ichiro Suzuki was traded to the Yankees.'という文章に、関係代名詞が導く節が挿入されていて、非制限用法のなかでも比較的単純な部類の、補足的に説明を加える形になっています。ここで、'Ichiro Suzuki who has been played with the Mariners…'とコンマを取ってしまうと、「2001年からマリナーズで試合をしていたイチローがヤンキースに移籍した」となり、日本語のニュアンスからも、マリナーズの選手ではないイチローもいるように解釈できてしまいます。日本語に訳すと、微妙な違いでわかりにくいですが、英文を頭から訳すと「非制限用法」、うしろから修飾して訳すと「制限用法」とわかる訳し方ができます。スポーツの話題に限らず、ニュース英語でよく見かける構文なので、チェックしてみてください。

something extra

関係代名詞に続く動詞は、先行詞（関係代名詞に導かれる節に修飾される名詞）の人称・数に一致します。

I know a lot of people who live in Tokyo.

I talked my brother who is now in Hokkaido yesterday.

現在完了形などの文章のときは、とくに人称・数に注意しましょう。ただし、「one of ＋複数名詞」が先行詞のとき、関係代名詞に続く動詞は原則として複数名詞と一致します。

She is one of the students who have joined the piano contest.

(彼女はピアノコンテストに参加した生徒たちの一人です。)

時代を切り拓く創造性豊かな人間を育成する

きめ細かいカリキュラムで学習と特別活動の両立が可能!!
●高校1年生から特別進学コースあり
●高校2年生からは文理別に志望大学に合わせたコース制

学校説明会	オープンキャンパス
10月 27日(土)　11月 10日(土) 11月 17日(土)　11月 24日(土) いずれも 14:30～	明法祭(文化祭)9月29日(土)・30日(日)

※会場はいずれも本校です。上履きをご持参ください。　※オープンキャンパスでも説明会(個別相談会)を行います。

●過去5カ年（08春～12年春）大学入試合格実績

東大2名　東京外大1名　北海道大2名　首都大10名　農工大9名　その他の国公立大24名
早稲田・慶應・上智・ICU・東理70名　GMARCH(学明青立中法)大203名
日本・東洋・駒澤・専修大217名（卒業生総数645名）

〔アクセス〕ＪＲ立川駅北口、ＪＲ武蔵野線新小平駅、西武新宿線久米川駅南口からバス　西武拝島・国分寺線小川駅より徒歩

明法高等学校

〒189-0024 東京都東村山市富士見町2丁目4-12　TEL:042-393-5611(代)　FAX:042-391-7129

http://www.meiho.ed.jp　明法 で 検索

メールマガジン配信中。本校ホームページより登録できます。

こちらのQRコードから
本校の携帯サイトに
どうぞ!!

みんなの数学広場

問題編

答えは次のページ

TEXT BY かずはじめ

数学を子どもたちに、楽しく、わかりやすく、使ってもらえるように日夜研究している。好きな言葉は、"笑う門には福来る"。

初級～上級までの各問題に生徒たちが答えています。
どの生徒が正しい答えを言っているか当ててみよう。
もちろん、当てずっぽうじゃなく、実際に問題を解いてみてね。

上級

40人のクラスで、同じ誕生日の人が1組以上いる確率はどのくらい?

A
私のクラスでは自分だけだよ。
答え 10%

B
五分五分じゃないかな。
答え 50%

C
1組だけなら意外と多いかも。
答え 90%

中級

1枚の厚さが0.1㎜の新聞紙を、
42回折りたたんだとき、
この新聞紙はどのくらいの高さになるでしょうか？

初級

先月号に引き続き、数学者の言葉です。

「私は、すべての自然数と友だちだ」

この数学者はとにかくすごいんです！
生涯で発見した公式がなんと3254個。
それも、証明なしで発見したのです。
さぁ、このすごい数学者はいったいだれ？

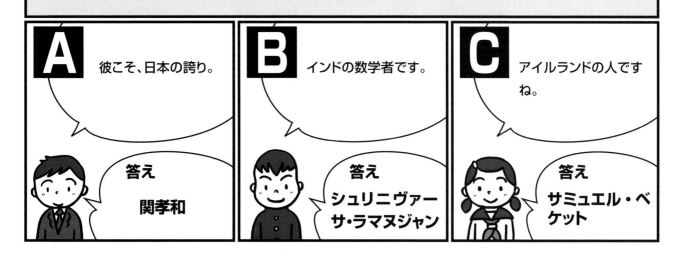

みんなの数学広場

解答編

上級

正解は　答え **C**

まず、2人だけのクラスで2人とも誕生日が同じにならないためには
2人目が1人目と違う日にちになればよいから…

$$\frac{365}{365} \times \frac{364}{365} = 0.99726$$

ということは、この余事象が2人の誕生日が同じになる確率なので
1−0.9976=0.00274
つまり約0.274%が同じ誕生日である確率になります。

これを40人で行います。

$$\frac{365}{365} \times \frac{364}{365} \times \frac{363}{365} \times \cdots$$

このように40個かけていくとどんどん数値は小さくなり、10%を優に下回ります。

この余事象を考えると、確率は90%を超えます。
つまり、40人のクラスにはかなりの確率で同じ誕生日の人が1組以上いることになります。

中級

正解は　答え **C**

1回折ると0.2㎜、2回折ると0.4㎜、3回折ると0.8㎜、4回折ると1.6㎜、5回折ると3.2㎜、6回折ると6.4㎜、7回折ると12.8㎜、8回折ると25.6㎜、9回折ると51.2㎜、10回折ると102.4㎜です。

この時点ですでに10㎝以上ですね。

このように2倍ずつ高さが増えていくことを42回繰り返すと、なんと43万㎞超となり、月までの距離38万㎞を軽く超してしまいます。

まぁ、実現不可能と言われればそれまでですが。

縁起はいいですが、28回（約26m）折った時点で超えています。

東京スカイツリーの高さは33回（約858m）折れば超えます。

初級

正解は　答え **B**

ラマヌジャンが体調を崩して入院していたとき、友人がお見舞いに来ました。その友人が「今日乗ってきたタクシーのナンバーは1729なんていう平凡きわまりないものだったよ」と言うと、ラマヌジャンは、「1729はおもしろい数字だよ。なぜなら2通りの整数を三乗した数の足し算で表せる最小の数だからね」と答えたそうです。さすが、自然数と友だちですね。
ちなみに1729は
$12^3+1^3=1729$
$10^3+9^3=1729$
このように整数の三乗した数を用いて2通りで表せます。
一般には、1通りで表せますが2通りで表せる最小の数はこの1729です。

関孝和は江戸時代の人ですね。

サミュエル・ベケットは数学者ではなく劇作家ですよ!

先輩に聞け!

大学ナビゲーター

青山学院大学

理工学部
情報テクノロジー学科4年

田中《たなか》 佑太郎《ゆうたろう》さん

人にインパクトを与えるような ウェブサービスを作りたい

4年間続けたバスケットボール連盟での活動

——なぜ青山学院大を受験したのですか。

「ゲームを作りたいと思っていて、国立大学の工学部を志望していました。高2までは成績がどんどんあがりいい感じだったのですが、高3になって勉強も難しくなり、焦りなどから受験はいい結果が得られず青山学院大の情報テクノロジー学科に入学しました。」

——青山学院大ではなにを学んでいますか。

「1〜3年でロボット、ヒューマンインターフェイス、人工知能、プログラミングなど、ＩＴの全般的な知識を広く学びました。4年になった現在は、ソフトウェア科学という分野について勉強しています。Ｊａｖａという開発言語でできているアンドロイドのアプリを別の開発言語でもっと簡単に作れないか、という研究と並行して、携帯端末のアプリを開発中です。」

——どんなアプリを作りたいですか。

「アクションゲームのアプリを作りたいです。アプリユーザーがちょっとの時間でも遊べるように、ボタンを押すと障害物を乗り越えるような簡単なゲームをめざしています。

もともとゲームを作りたいと思ったのは、ぼくが高1のときに当時情報系の大学に通っていた姉が最先端のウェブサービスを見せてくれたことがきっかけです。それまでずっとバスケットボールと勉強以外はあまり興味がなくパソコンも触ったことがなかったので、そのときにすごい衝撃を受けたんです。昔からゲームが好きだったので、自分でもゲームやウェブサービスを作ってみたいと思うようになりました。ぼくも自分が受けた衝撃と同じように、人にインパクトを与えるものを作りたいです。」

——バスケットボールも好きなのですか。

「はい。小学3年生から高校卒業までプレーヤーとしてやっていました。本当に

1 勉強スタイル

数学と物理と英語が得意です。数学は同じ問題集を何回も解きました。わからないところは先生に聞いて、間違えたところは答えを見ずに最後まで自分で解けるようにしていました。テストを想定して、この問題が出てきたらこうやって解こうといつも意識しました。物理も同じ問題集を繰り返しやりました。

英語にかんして、中学のときは教科書を１冊丸々暗唱するというのを３年間やっていて、それがとてもよかったです。高校では、１年ごとに単語帳を１冊全部覚えました。音読は高校でも続けていました。

2 問題集の取り組み方について

高校１・２年生のときは自分の勉強方法で成績がすごく伸びましたが、３年生は焦りからいろいろな問題集に手をつけてしまいました。それがどれも中途半端になって、内容が身につきませんでした。やはり問題集は同じものを繰り返す方がいいと思います。

3 高校の部活と勉強の両立

高校のバスケットボール部ではインターハイに出場しました。ほぼ毎日練習が6時くらいまであり、そのあと塾に行き、家に帰ってからも夜中の１時まで勉強して、部活と勉強を両立をしていました。

4 大学でおもしろかった授業

ロボットの実習がおもしろかったです。自分で考えたプログラムでロボットを動かします。

タイヤのついた丸いロボットに、「壁に近づいたら曲がる」などの指示をプログラミングしておいて、それがブロックで作った迷路のなかを動き回るというものでした。自分で作ったものが実際目の前でパッと動くというのが、ＩＴのおもしろさだと思います。

バスケットボールと勉強ばかりしていました。高校のときはインターハイにも出場しました。」

——大学でもバスケットボールは続けましたか。

「大学でもバスケットボール部に所属はしていますが、プレーヤーではなくマネージメントの方にかかわっています。さらに全日本大学バスケットボール連盟に所属し、毎日放課後は連盟の仕事をしています。」

——なぜバスケットボール連盟に入ったのですか。

「大学受験がうまくいかずに落ち込んでいたとき、高校のバスケットボールの先生が『バスケットボールを運営している団体があるから入ってみたら』と教えてくださりました。いましかできない経験で、自分を変えたいと強く思い連盟に入りました。」

——所属してどうでしたか。

「毎日夜遅くまでやることがあって大変ですが、人として成長することができました。ぼくは広報部で大会の運営をしていました。試合日程を組んだり、メディアの人とのやり取り、ホームページの管理など、事務仕事全般です。４年生のいまは委員長も任されるようになり、この連盟の仕事が自分にとってはすごく大きかったと思います。」

——やってみて自分を変えることはできましたか。

「人とのコミュニケーションがうまく取れるようになりました。仕事をこなすうちに、タイピングも早くなったし、ワードやエクセルなどもやっていくうちに自然と使いこなせるようになりました。忙しかったので時間の使い方も身につけました。

そこで学んだことや情熱を今後にも活かしたいです。」

——最後に読者にメッセージをお願いします。

「大学は、そこで自分がなにをするかだと思います。部活でもなんでもいいので、なにかに打ち込んで充実した学生生活を送ることが大切です。」

世界の星を育てます

エクストラスタディで応用力養成・弱点克服します。
また、英語の多読多聴を導入し英語の力を伸ばしています。

学校説明会

第1回　9月22日（土）
10:00～
［明星の国際教育］

第2回　10月13日（土）
14:00～
［部活動相談］

第3回　11月17日（土）
15:00～
［生徒が作る説明会］

第4回　11月25日（日）
10:00～
［卒業生ディスカッション］

第5回　12月　2日（日）
10:00～
［入試出題傾向・問題解説］

※予約不要

明星祭／受験相談室

9月29日（土）・30日（日）
9:00～15:00
※予約不要

学校見学

月～金　9：00～16：00
土　9：00～14：00
日曜・祝日はお休みです。
事前にご予約のうえ
ご来校ください。

ご予約、お問い合わせは入学広報室まで　TEL.FAX.メールで どうぞ

明星高等学校

MEISEI

〒183-8531　東京都府中市栄町1－1　入学広報室
TEL 042-368-5201（直通）　FAX 042-368-5872（直通）
（ホームページ）　http://www.meisei.ac.jp/hs/
（E-mail）　pass@pr.meisei.ac.jp

交通／京王線「府中駅」
　　　ＪＲ中央線／西武線「国分寺駅」
より徒歩約20分
またはバス（両駅とも2番乗場）約7分「明星学苑」下車
　　　ＪＲ武蔵野線「北府中駅」より徒歩約15分

ミステリーハンターQの歴男・歴女養成講座

山本 勇

中学3年生。幼稚園のころにテレビの大河ドラマを見て、歴史にはまる。将来は大河ドラマに出たいと思っている。あこがれは織田信長。最近のマイブームは仏像鑑賞。好きな芸能人はみうらじゅん。

ミステリーハンターQ（略してMQ）

米テキサス州出身。某有名エジプト学者の弟子。1980年代より気鋭の考古学者として注目されつつあるが本名はだれも知らない。日本の歴史について探る画期的な著書『歴史を掘る』の発刊準備を進めている。

春日 静

中学1年生。カバンのなかにはつねに、読みかけの歴史小説が入っている根っからの歴女。あこがれは坂本龍馬。特技は年号の暗記のための語呂合わせを作ること。好きな芸能人は福山雅治。

大塩平八郎の乱

江戸時代後期・1837年の大塩平八郎の乱から今年で175年。幕政に不満を持った元役人が起こした反乱とはどんなものだったのか。

勇 江戸時代後期に起こった大塩平八郎の乱から今年は175年だって聞いたけど、それってすごい乱だったの？

MQ 1837年（天保8年）2月に、大坂で起こった幕府に対する反乱事件だね。首謀者の名前から大塩平八郎の乱と呼ばれるけど、大塩は大坂町奉行所の与力《よりき》を務めていた、幕府の役人だった人なんだ。

静 幕府の元役人がどうして反乱を起こしたの？

MQ 前年の天保7年は全国的な大飢饉で、大坂でも深刻な米不足に悩まされていた。大塩は家督を養子に譲って隠居していて、自宅に塾を開いて陽明学《ようめい》を教えていたんだけど、奉行所に対して民衆への救済を訴えた。だが、相手にされなかったんだ。

勇 奉行所はなんで救済をしなかったの？

MQ ちょうどそのころ、徳川家慶《いえよし》が12代将軍に就任したので、大坂町奉行の跡部良弼《あとべよしすけ》は、大坂に集まって来た米を民衆に与えずに、将軍就任祝いとして江戸に送ってしまったんだ。

静 それってひどいわね。

MQ 大塩は蔵書5万冊を売り払って資金を作り、民衆救済を続けたんだけど、それでも奉行所はなにもしない。それどころか、一部の豪商は米の買い占めを行い、米価は高騰を続けたんだね。

勇 それで大塩たちは怒ったわけ。

MQ まあそうだ。大塩は家や家財道具まで売り払って大砲、火薬などを買い集め、現職の与力を含む弟子に軍事教練をほどこし、近隣の農民にも呼びかけて、ついに決起したんだ。彼らは300人ほどで、豪商の家に大砲を撃ったりしたんだけど、奉行所の軍勢にわずか半日で鎮圧されてしまった。しかも、大砲などを撃ったので、あおりで大坂は大火に見舞われてしまった。

静 その後、大塩たちはどうしたの？

MQ 市内の民家に隠れたんだけど、通報により40日後に発見され、最後は火薬で自爆してしまった。

勇 なんかすさまじい事件だね。

MQ 幕府の元役人が幕府に反旗をひるがえしたんだから、幕府は大きなショックを受けたし、一般民衆も反幕府感情を強めることになった。この反乱のあと、現在の新潟県で生《いく》田万《たよろず》の乱が起こるなど、幕府の権威は大きく落ち込んで、30年後の明治維新の導火線になったとする意見もあるんだよ。

草木は光を浴びて育ち、
人は言葉を浴びて育つ
私立男子
特別進学クラス
大進選抜クラス
大学進学クラス
保善高等学校
写真:保善高等学校正門付近 校木 けやき
情報満載!!“ホームページ”
ozen.ed.jp
69-0072 東京都新宿区大久保三丁目6番2号
受験相談 フリーダイヤル
入試広報部
走 れ 高 校 見 に ！ ！
0120-845532
2012年度 学校説明会(各土曜日 10:00開会)
10/13 10/27 11/10
11/24 12/1 12/8
思ったより近い! 抜群のアクセス!
高田馬場駅より徒歩8分/西早稲田駅より徒歩7分
(2012年度 東急東横線と副都心線の相互直通運転開始予定)

教えて！マナビー先生

プロフィール

日本の某大学院を卒業後海外で研究者として働いていたが、和食が恋しくなり帰国。しかし科学に関する本を読んでいると食事をすることすら忘れてしまうという、自他ともに認める“科学オタク”。

世界の先端技術

人工光合成

光と二酸化炭素と水で酸素、糖、電力まで作る

地球上の酸素は、すべて植物の光合成で作られている。人工で光合成ができるようになればさまざまな可能性が広がる。

光合成については習ったよね。光合成は、植物が太陽（光）のエネルギーを使って、二酸化炭素と水からでんぷんと酸素を作る作用だ。ところが、小学校でも習うこの光合成の、基本的な部分の詳しい仕組みは、なかなか解明されていなかった。

最近になって、大阪市立大学・複合先端研究機構の神谷信夫教授（物質分子系専攻）と岡山大学大学院自然科学研究科の沈建仁教授（バイオサイエンス専攻）の研究グループが光合成の仕組みの謎を解き明かした。光エネルギーを利用し、水を分解して酸素を発生させる反応の謎がわかってきたんだ。

光合成の仕組みを簡単に言ってしまうと、光の力で二酸化炭素からでんぷん（ブドウ糖）を作ってしまうことだ。光合成で酸素が発生する過程で電子が分離され、この電子を使って二酸化炭素からブドウ糖が作られているのだ。

神谷教授たちは、光合成を手助けする触媒PSⅡを従来に比べて大量に作り出すことに成功した。大量に作ることができたので、X線を使って内部構造を調べることができたのだ。PSⅡは歪んだイスのような構造をしているそうだ。

私たちは植物が作ったブドウ糖を食べ、エネルギーに変えて生きている。光合成の仕組みがしっかりとわかり、今回発見された構造を元に反応の過程が解明されれば、人工で光合成を行うことができるようになる。

二酸化炭素は地球温暖化の原因と言われ、現在あらゆる場面で二酸化炭素を出さないで済むように研究が続けられているけれど、逆に二酸化炭素を直接使い、食料の元のでんぷんや酸素を作ることができるようになればすごいよね。また、水から電子を取り出す過程を利用して電力エネルギーとして使える可能性だってある。

光合成と言う太陽エネルギーの利用で、環境問題、食糧問題、エネルギー問題がいっぺんに解決してしまうかもしれないわけだ。

今後は光合成の技術を使い、空気中の二酸化炭素から燃料を作るような研究や、人工光合成電池の研究開発なども進めていくという。

小学校で習った光合成の仕組みがわかってくるといろいろな場面で役立つなんておもしろく、楽しみだね。

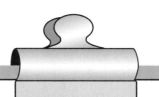

頭をよくする健康

by FUMIYO
ナースでありママでありいつも元気なFUMIYOがみなさんを元気にします!

今月のテーマ　香り

ハロー！　FUMIYOです。生活のなかにはたくさんの香りがあるよね。大好きな香り、苦手な香り、落ち着く香り…。1つの香りでも、心地よい香りと感じるか、不快な香りと感じるかは十人十色です。また、その日の体調によっても心地よいと感じたり、不快に感じたりもします。

ラベンダーの香りは神経を落ち着かせてくれると言われています。寝る前に嗅ぐといいですね。また、グレープフルーツの香りは食事前に嗅ぐことで、食欲が抑えられるそうです。なので痩せる香りとも言われているんですって！　では、頭が良くなる香り…ってあるのでしょうか。

香りを楽しむ方法には、お香やキャンドルなどがありますが、今回はアロマオイルを使ったアロマテラピー（芳香療法）を取りあげてみましょう。

芳香植物の利用は、古くは古代にまでさかのぼります。古代エジプトでは、ミイラ作りに防腐効果のある乳香（フランキセンス）や没薬（ミルラ）などの植物由来の香料が用いられてきました。

しかし、一般にアロマテラピーが広まってきたのは20世紀に入ってからで、日本に紹介されたのは1980年代以降なんだそうです。

匂いを嗅ぐと身体はすぐ反応します。お腹がすごく空いているときにスーパーのお総菜コーナーにある揚げたてコロッケの匂いを嗅ぐと、ますますお腹が空いてきますよね。でも、風邪気味のときはあの油の臭いが気になってお総菜コーナーの前を離れて歩いたりして…。

匂いを鼻で感じると、嗅覚刺激として大脳辺縁系（ここは脳のなかでも本能的な部分）に届きます。脳は嗅覚刺激を受け取ると無意識に感情を起こし、身体の機能調節を行う中枢の視床下部に影響を与えます。お腹が減ったりするのは、本能的に身体のさまざまな部分の反応を引き起こすからだそうです。匂いは刺激として脳内に入り、すぐ本能的に身体のいろいろな所に反応するのですね。

みなさんも「頭のよくなる香りがあれば、ぜひ嗅ぎたい」と思うでしょう。私もね、みんなのために頭のよくなるアロマオイルを探してみたんだけど…残念ながら直接頭をよくしてくれるものは見つけられませんでした。でもね、頭がよく働いてくれそうなアロマオイルはありました。例をあげてみましょう。

レモン…みなさんご存じのすっぱいレモンです。気分を明るくし、頭の働きを活性化すると言われています。また、集中力アップにも効果があります。

ペパーミント…ペパーミントのなかに含まれているメントールはスーッとすることでおなじみですね。爽快感があり、中枢神経刺激作用があり、集中力の強化、記憶力低下予防にいいそうです。

ティートゥリー…清潔感のあふれる香りです。リフレッシュ作用があり、記憶力低下予防、集中力強化に期待できそうです。

アロマオイルの香りを楽しむ方法には、アロマポットを使ったりします。火を使わない電気タイプのものは、火の消し忘れの心配がなく安心ですね。また、お風呂に数滴たらしたり、スプレーにして使ったり、普段持ち歩くティッシュやハンカチなどにたらして香りを楽しむ方法もあります。香りにはたくさんの種類があります。ぜひ自分の好きな香りを見つけてみてください。休憩タイムに、好きな香りを楽しんでリフレッシュしましょう！

Q1　アロマオイルの使い方で、絶対やってはいけないことは次のうちどれでしょう。
①飲む　②吸入する　③入浴剤の代わりに入れる

正解は①の飲むです。
アロマオイルは絶対に飲まないでくださいね。アロマオイルの使用方法は特別難しいことはないのですが、「柑橘系のアロマオイルでマッサージをしたあとは、しばらく日光にあたってはいけない」など、注意が必要なものがあります。使うときは、必ず安全な使用方法を確認してから使ってくださいね。

Q2　アロマオイルの保管方法についてあっているものはどれでしょう。
①瓶を横にして保存　②遮光性のガラス瓶で保存　③日当たりのよい場所に保存

正解は②の遮光性のガラス瓶で保存です。
アロマオイルは日光、温度、湿度などの影響を受けやすいので、直射日光の当たらない冷暗所に保管しましょう。瓶が横になっていると、アロマオイルの成分が瓶の蓋を腐食させてしまう恐れがあるので、立てて保管しましょう。

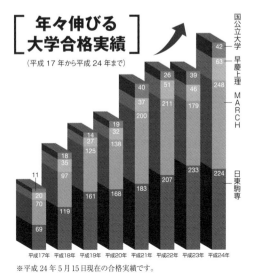

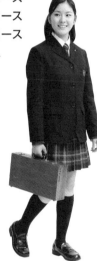

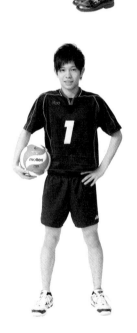

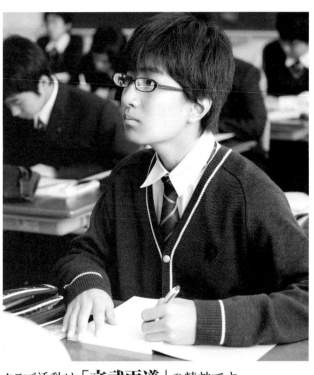

第32回

あれも日本語　これも日本語

「微妙」と「ビミョー」!?

「この間の試験できた?」「ビミョー」。なんて会話をすることがあるんじゃないかな。

この「ビミョー」は漢字で「微妙」と書く。読みは「びみょう」だね。「微」は本来、「かすか」「こまかい」という意味なんだ。「妙」には「美しい」あるいは「奥深い」という意味がある。

この2つをあわせて「微妙」となるけど、辞書に書いてある意味は①美しさや味わいがなんともいえず優れている様子②細かいところになんとも言い表しようのないものが含まれている様子――などと書かれている。難しい言い回しだね。

①の意味では、例えば「シューベルトの歌曲には微妙な味わいがある」などと使う。②の意味では「A国とB国の関係は、いまとても微妙で、いつなにが起こるかわからない」などと使う。いずれもいま君たちのような若い人が使う「ビミョー」とは、ちょっと意味がずれているようだね。

「微妙」に、いま君たちが使うような第3の意味が登場したのは、この20年くらい前かららしい。その意味は「問題が複雑で、判断に困る様子」というものだ。だから、試験のできを聞かれて、判断に困り「ビミョー」と答えてしまうわけだ。

でも、最近はさらに意味が変化しているという。例えば「あの先生の授業、どう思う?」「ビミョー」。あるいは「次のC高校との試合、勝てそう?」「ビミョー」なんて使い方は、単に判断に困っているというよりは、ネガティブ、ちょっと否定的な状況であることを示唆している。つまり、「あの先生の授業はわかりにくい」と思っているし、「C高校との対戦は勝てそうもない」、という悲観的な予想だ。

日本人は、ネガティブな言い回しをするときに、婉曲《えんきょく》に言うことで、相手をがっかりさせたり傷つけないようにする傾向があるが、「ビミョー」にもそういう要素が入り込んでしまったということのようだね。だから、C高校との対戦を否定的に言うのではなく、「ビミョー」という言葉で察してもらおうとしているわけだ。若い人たちが、日本語を少しずつ変化させている代表的な例かもしれないね。

今春の大学合格実績

公立大学……… 東北・東京工業・千葉・電気通信・埼玉4
茨城2・山梨・都留文科
慶上理………… 早稲田8・上智2・東京理科6
MARCH……… 学習院3・明治10・青山学院8・立教5
中央9・法政11
成・明学・武・獨・國… 成城5・成蹊4・明治学院8・武蔵6
獨協9・國學院9
東駒専………… 日本28・東洋32・駒澤7・専修6

人ひとりが希望の進路をかなえています

特別進学類型	**国立**:東工・電通・千葉など　**私立**:早稲田・東京理科など 【大学進学率】84.6%　【現役合格率】89.7%
選抜進学類型	中央・法政・獨協・成蹊・武蔵・明治学院・芝浦工など 【大学進学率】81.1%　【現役合格率】87.8%
普通進学類型	青山学院・法政・武蔵・成城・獨協・日本・東洋・駒澤など 【大学進学希望者の大学進学率】89.8%【現役合格率】93.0%
文理進学類型	獨協・日本・東洋・大東文化・亜細亜・帝京・東京電機など 【大学進学希望者の大学進学率】93.8%【現役合格率】95.4%

学校説明会・個別相談

10月 7 日〔日〕	①13:30	②14:00
10月28日〔日〕	①13:30	②14:00
11月 3 日〔祝・土〕	① 9:30	②10:00
11月10日〔土〕	①14:00	②14:30
11月17日〔土〕	①14:00	②14:30
11月23日〔祝・金〕	① 9:30	②10:00
12月 1 日〔土〕	①14:00	②14:30

※全体会終了後、希望制で個別相談を行います　※事前の予約は必要ありません

豊昭祭（文化祭）

9月15日〔土〕　9月16日〔日〕

学校法人 豊昭学園
豊島学院高等学校
TOSHIMA GAKUIN
併設/東京交通短期大学・昭和鉄道高等学校

特別進学類型　選抜進学類型　普通進学類型　文理進学類型

〒170-0011 東京都豊島区池袋本町2-10-1 TEL.03-3988-5511(代表)
最寄駅:池袋／JR・西武池袋線・丸ノ内線・有楽町線 徒歩15分 副都心線 C6出口 徒歩12分
北池袋／東武東上線 徒歩7分　板橋区役所前／都営三田線 徒歩15分

http://www.hosho.ac.jp/toshima.htm

サクニュー!!

ニュースを入手しろ!!

産経新聞
編集委員 大野敏明

今月のキーワード

南沙諸島

検索

南シナ海に浮かぶ南沙《なんさ》諸島（英語名、スプラトリー諸島）の帰属をめぐって、同諸島の近隣の国々が領有権を主張して争っています。

南沙諸島は大小100あまりの島や岩礁《がんしょう》からなり、島と島の間は10数kmから数10km離れています。人が居住して生活できるような島はありません。

領有権を主張しているのは中国、ベトナム、フィリピン、マレーシア、ブルネイ、台湾です。

かつては、インドシナ半島を植民地にしていたフランスが支配していました。第二次世界大戦の期間中は日本が支配をしたこともありました。

しかし、戦争が終わり、サンフランシスコ講和条約で日本が領有権を放棄する前後から、フィリピンやベトナムが領有権を主張するようになりました。領有権を主張することで、広範な漁業権を確保しようという狙いがあったのです。

ところが、1970年代後半に南沙諸島近海の海底に油田の存在が確認されたことから、中国、台湾、マレーシア、ブルネイも領有権を主張し始めたのです。

これとは別に、ベトナムの東、中国の海南島の東南にある西沙《せいさ》諸島の領有をめぐり、1977年にベトナムと中国が交戦、中国が勝ち、飛行場を建設しました。

1988年には南沙諸島をめぐって中国とベトナムが交戦しました。この戦いは決着がつきませんでしたが、2007年になって、中国は西沙諸島と南沙諸島と、さらにその間にある中沙《ちゅうさ》諸島を合わせて三《さん》沙《さ》市を設置し、海南省に所属させると発表、他の国々から激しい反発を受けました。

さらに2008年、中国は実効支配している南沙諸島最大の島である太平島に空港を建設、軍用機を配備するなど、軍事的攻勢を強めています。

今年に入ってからは三沙市長選を実施すると発表しています。

上空から撮影した南シナ海中部のスプラトリー諸島（中国名南沙諸島）のミスチーフ環礁。スプラトリー諸島はフィリピン、中国、台湾、ベトナム、マレーシア、ブルネイが領有権を主張している。太平洋戦争中、日本は同諸島を新南群島と呼んだ。約100の小さな島から成り、海洋資源の存在が注目されている（フィリピン・スプラトリー）　AFP＝時事　撮影日:1995-04-02

こうした動きに対して、ベトナム国内では反中国感情が高まり、首都、ハノイ市などではデモが繰り返されています。

また、フィリピンが主権を主張する海域で、中国の探査船が海底探査行動をしたとして、フィリピン政府は中国を国連に提訴するなど、フィリピンでも反中感情が高まっています。

このように南沙諸島をめぐる動きは、攻勢を強める中国とその他の国との争いになっていますが、残念ながら解決の糸口は見つかっていません。

先生と生徒の鼓動が響きあう、
木もれ日の学園

『ハーバード白熱日本史教室』

著／北川 智子
刊行／新潮新書
価格／680円＋税

『ハーバード白熱日本史教室』

理系人間が歴史学者に？大人気の日本史講義にようこそ

アメリカ合衆国マサチューセッツ州・ケンブリッジにあるハーバード大学。

優秀な教授陣のもとで、世界中から集まってくる学生たちが日々切磋琢磨していて、さまざまな世界の大学ランキングでも、つねに首位を争う超名門大学だ。

そのハーバード大学で日本史を教えている大人気の日本人がいる。名前は北川智子さん。1980年生まれという若さで、3年前に受講生16人でスタートした講義「Lady Samurai」が、いまや受講生251人にふくれあがっているという。

この本では、著者がどのようにしてハーバード大学で教《きょう》鞭《べん》をとるようになり、人気を博すようになっていったか、そして、その講義がどのように行われているのかが、著者自身の語りによって説明されている。

著者の経歴はとてもユニークだ。高校を卒業するまで日本で暮らしていたのだが、旅行で訪れたカナダに感動し、英語ができるわけでもないのに、どうしてもカナダの大学に行きたいと思い立つ。

実際に入学してしまうと、そこでは数学と生命科学（ライフサイエンス）を専攻し（著者は理数科の高校を卒業している）、卒業論文も書きあげた。

そのまま大学院に進むのだが、ここで「実際、本人もよくわからなかった」と書いてあるように不思議なめぐり合わせの結果、なぜか大学院では「日本史」を専攻することに。大学で理系の勉強をした学生が、大学院で文系を専攻することはほとんどないことなんだ。

カナダの大学に飛び込んだことや、大学院のエピソードでもわかるように、著者は自分が興味を持ったことにはどんどん挑戦するし、先入観に支配されずに前に進んできた。それが成功へとつながっているんだね。

これは選ばれた特別な人の話ではない。いろいろなことに興味を持つこと、やる前に諦めずやってみることが、新しい世界を切り拓く一歩になるということを、この本は教えてくれる。

SUCCESS CINEMA

サクセスシネマ vol.32

映画のなかのおかしなお菓子

アリス・イン・ワンダーランド

2010年/アメリカ/ウォルト・ディズニー・ピクチャーズ/監督:ティム・バートン

「アリス・イン・ワンダーランド」ブルーレイ　2500円(税込)
発売元:ウォルト・ディズニー・スタジオ・ジャパン

アリスのその後の世界は…

ティム・バートン監督とジョニー・デップがコンビを組んだファンタジームービー。タイトルの通り、ルイス・キャロルの児童文学小説『不思議の国のアリス』と『鏡の国のアリス』の原作を元に、アリスとワンダーランドのその後を描いたものです。白ウサギやチェシャ猫などのお馴染みのキャラクターも登場します。

赤の女王の支配によって暗黒の世界と化してしまったワンダーランドに再び迷い込み、救世主としての命を知ったアリスは、白の女王やマッドハッター（ジョニー・デップ）の力を借りて、赤の女王へ戦いを挑みます。映画では、だれもが知っているアリスの世界が鮮やかな色彩で表現されています。

原作に登場する身体の大きさが変わる不思議な飲み物やケーキも出てきます。さらに映画のなかでは、大きくなりすぎてしまったアリスが、白の女王が調合したじつに不気味な飲み物を飲んで元の大きさに戻るというシーンもあります。あのドリンクを口にできるなんて、アリスの勇気はさすが！　夢か現実か。ようこそ、ワンダーランドへ。

チャーリーとチョコレート工場

2005年/アメリカ/ワーナー・ブラザーズ/監督:ティム・バートン

「チャーリーとチョコレート工場」DVD発売中　2,500円(税込)
ワーナー・ホーム・ビデオ

チョコレート工場の秘密とは!?

ティム・バートン監督がお届けする「チャーリーとチョコレート工場」は、大人も子どもも楽しめる、まさにエンターテイメント映画の王道と言えます。

まず驚かされるのは、冒頭で主人公のチャーリーが「ぼくは最後には大金持ちになるのですが…」と、このストーリーのネタばらしをすること。私たちは冒頭で結末を知らされることになりますが、それでも充分にストーリーを楽しめるのには、理由があります。ワンシーンワンシーンにパワーがあり、美しい映像と、ジョニー・デップ扮するチョコレート工場長・ウォンカの持つ独特のキャラクターにいつの間にか引きこまれてしまうから。また、工場で働く小人ウンパルンパの不思議なダンスも、じつに愉快です。

終盤、まさかの急展開から、胸が温かくなるハッピーエンドへ。だれもがこよなく愛するチョコレートが、甘く苦く、父と子のきずなに絡んでいたのでした。そう、本当の結末は、もっともっと奥深くに隠されているのです。原作はロアルド・ダールの『チョコレート工場の秘密』という児童文学です。

フォーチュン・クッキー

2003年/アメリカ/ブエナビスタ/監督:マーク・ウォーターズ

「フォーチュン・クッキー」DVD　1500円(税込)
発売元:ウォルト・ディズニー・スタジオ・ジャパン

魔法のクッキーが運命を変える!

不思議なクッキーの魔法によって繰り広げられる思春期の子どもとその母親のハートウォーミングストーリーです。

再婚を控えた母親・テス、青春まっただなかで自由を求める娘・アンナ。すれ違いでケンカばかりの2人でしたが、ひょんなことで口にしたくじ入りのお菓子・フォーチュンクッキーがお互いの運命を大きく揺さぶります。なんと、クッキーを食べたあと、2人の心と身体が入れ違ってしまうのです。

戸惑いながらも現実と向き合う母と娘は、それぞれの立場で、それぞれの苦労と喜びを知っていきます。

テスの誠実なフィアンセ、カウンセラーの仕事、アンナの大学生活や、ロックバンドへの情熱、想いを寄せるボーイフレンドや弟の存在などが複雑に絡み合い、ストーリーは目まぐるしく展開していきます。

はたして2人は元の心と身体に戻れるのでしょうか。そのカギを握るのが、フォーチュンクッキーです。このクッキーは、クライマックスのスパイスにもなっています。

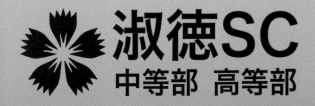

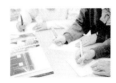

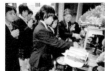

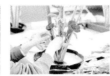

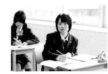

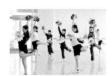

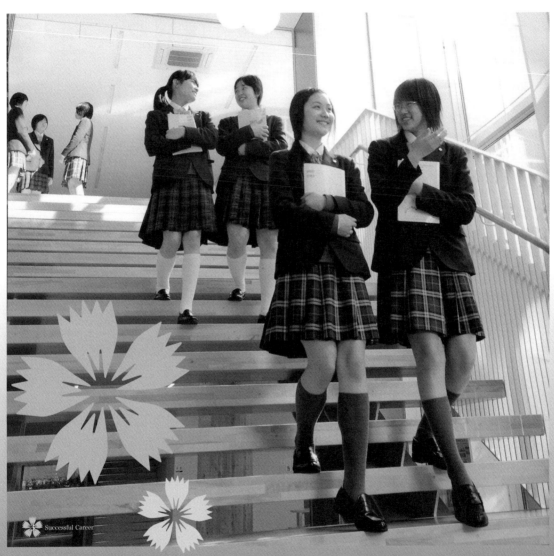

Success Ranking
サクセスランキング

世界遺産登録数ランキング

今号は、世界遺産登録数国別ランキングだ。日本では、昨年、文化遺産に「平泉」、自然遺産に「小笠原諸島」が登録されたのは記憶に新しい。今年は新たに富士山の登録申請の推薦書をユネスコに提出している。決定は来年の夏。果たして富士山は世界遺産に登録されるのだろうか。

世界遺産登録数

順位	国名	数	例
1	**イタリア**	**47**	**フィレンツェ歴史地区**
2	スペイン	44	コルドバ歴史地区
3	中国	43	万里の長城
4	フランス	38	モン・サン・ミシェルとその湾
5	ドイツ	37	アーヘン大聖堂
6	メキシコ	31	古代都市ティオティワカン
7	インド	29	タージ・マハル
8	イギリス	28	ダラム城と大聖堂
9	ロシア	25	サンクト・ペテルブルグ歴史地区と関連建造物群
10	アメリカ	21	グランド・キャニオン国立公園
11	オーストラリア	19	グレート・バリア・リーフ
11	ブラジル	19	古都オウロ・プレット
13	ギリシャ	17	バッサイのアポロ・エピクリオス神殿
14	日本	16	姫路城
14	カナダ	16	ランス・オ・メドー国定史跡
16	スウェーデン	15	ドロットニングホルムの王領地
16	イラン	15	ペルセポリス
18	ポルトガル	14	リスボンのジェロニモス修道院とベレンの塔
19	ポーランド	13	クラクフ歴史地区
20	チェコ	12	プラハ歴史地区
21	スイス	11	ベルン旧市街
21	トルコ	11	イスタンブール歴史地区
21	ペルー	11	クスコ市街
21	ベルギー	11	フランドル地方のベギン会修道院群
25	韓国	10	海印寺大蔵経板殿
26	エチオピア	9	シミエン国立公園
26	オーストリア	9	シェーンブルン宮殿と庭園群
26	オランダ	9	アムステルダムの防塞線
26	キューバ	9	ビニャーレス渓谷
26	ブルガリア	9	ボヤナ教会
26	モロッコ	9	古都メクネス

■学校説明会

10月13日（土） 13:30～

11月23日（金・祝） 13:30～

※本校講堂にて　※予約不要

■体育祭

9月15日（土） 8:30～16:00

※予約不要

■オープンキャンパス

10月6日（土） 13:30～15:30（予定）

■学園祭

9月29日（土） 9:00～17:00

30日（日） 9:00～16:00

「受験相談コーナー」開設（10:00～16:00）　※予約不要

■平成25年度 募集要項

	第1回	第2回
試験日	2月11日（月）	2月12日（火）
募集人員	普通科 男子 約60名	普通科 男子 約30名
試験科目	英語（60分・100点） 国語（60分・100点） 数学（60分・100点） 合計300点	英語（80分・140点） 国語（50分・80点） 数学（50分・80点） 合計300点
合格発表	2月11日（月）18時	2月13日（水）10時
手続締切	2月15日（金）16時	2月15日（金）16時

城北 中学校 高等学校

〒174－8711 東京都板橋区東新町２－28－１　電話 03－3956－3157

http://www.johoku.ac.jp

■アクセス　東武東上線「上板橋」南口　徒歩10分
東京メトロ有楽町線・副都心線「小竹向原」徒歩20分

高校受験 ここが知りたい Q&A

checkしよう!

Question

塾と学校では勉強の進度が全然違うのですが…。

現在、塾に通っているのですが、塾のカリキュラムの進み方が早く、ときどきついていけないような気がしてしまいます。学校の授業でやっているところより、かなり先を塾でやっていますが、こうしたズレがあっても大丈夫でしょうか。とても気になっています。

(練馬区・中2・AK)

Answer

受験を意識したカリキュラムなので塾での学習進度は早くなります。

中学校1～2年生のみなさんから、同種のご質問をしばしばお受けしますが、これはまったく心配いりません。

進学塾の進度が、一般の公立中学校に比べて早いのは当然のことなのです。つまり、入学試験を前提にした勉強をしていくうえでは、無理のない範囲で早めに中学校履修範囲の基礎事項を終え、応用・発展的な内容の学習をする必要があります。そのため、塾では学習カリキュラムを整備して、効率的に授業を進めているのです。

もちろん、進度が早ければいいというものでもありません。ただ、どの塾でも学習分野や内容は、繰り返し取り扱うようになっていますので、いまの段階で完全に理解できない部分があったとしても、あとで必ず復習的な演習などで繰り返し学習できるようになっています。

学校よりも先に進む結果となりますが、学校の授業は最後の学習機会ととらえるといいでしょう。そして、中学校の定期試験の際には、早めに計画を立て試験準備にとりかかるようにしていきたいものです。すでに塾で学習している分野であることが多くなりますから、試験準備といっても、そう大変ではないはずです。効率的に時間を活用して、学校の定期試験においても一定の成績をマークしていきましょう。

「手をかけ　鍛えて　送り出す」
*東京大学(理Ⅰ)現役合格　*早稲田大学過去最多12名合格

過去3年間　主な大学合格者数

	平成24年		平成23年		平成22年	
国公立	東京大(1)	東京工業大(1)	筑波大(1)	横浜国立大(1)	東京大(1)	東京工業大(1)
	筑波大(2)	千葉大(1)	東京学芸大(3)	埼玉大(4)	筑波大(1)	千葉大(3)
	埼玉大(4)	群馬大(2)	茨城大(1)	宇都宮大(1)	埼玉大(1)	宇都宮大(3)
私立	早稲田大(12)	慶應義塾大(2)	早稲田大(2)	慶應義塾大(1)	早稲田大(4)	慶應義塾大(3)
	上智大(2)	東京理科大(12)	上智大(1)	東京理科大(15)	上智大(3)	東京理科大(7)
	学習院大(6)	明治大(13)	国際基督教大(1)	学習院大(5)	学習院大(3)	明治大(13)
	青山学院大(5)	立教大(12)	明治大(7)	青山学院大(2)	青山学院大(1)	立教大(7)
	中央大(11)	法政大(17)	立教大(7)　中央大(6)	法政大(19)	中央大(6)	法政大(9)

■文化祭&個別相談会　*要予約
9月15日(土)・16日(日)
13:00～14:00
文化祭／一般公開:15日(土)13:00～
16日(日)10:00～

■昌平プレップテスト　*要申込
(中3生対象)
1月 3日(土・祝) 8:30～12:35

■学校説明会
9月23日(日)10:00・14:00
10月20日(土)10:00・14:00
11月18日(日)10:00・14:00
11月24日(土)10:00・14:00
11月25日(日)10:00・14:00
12月 1日(土)14:00
12月16日(日)10:00

■個別相談デー　*要予約
12月20日(木)14:00～16:30
12月24日(月・祝) 9:30～15:30
12月25日(火)14:00～16:30

国公立大学、難関私立大学をめざす
特別進学コース
新設 特進アスリートクラス
T特選クラス
特選クラス／特進クラス

MARCHから、中堅大学までをめざす
標準進学コース
選抜アスリートクラス
選抜クラス

パワーイングリッシュプロジェクト

全校生徒が
英語に強くなる!
展開中

学習面ではG-MARCH、
スポーツでは全国を目指す。
選抜アスリートクラス

《超一流の指導者続々昌平へ》
■ 藤島 信雄　サッカー元日本代表主将
本校サッカー部チームディレクター
■ 中村 誠　高校ラグビー部監督として全国制覇5回
本校ラグビー部総監督
■ 大森 国男　高校陸上競技部監督として全国制覇12連覇
本校陸上競技部監督

現役合格主義

SHOHEI 昌平高等学校

〒345-0044 埼玉県北葛飾郡杉戸町下野851 TEL.0480-34-3381 FAX.0480-34-9854 http://www.shohei.sugito.saitama.jp
● 東武日光線【杉戸高野台駅】西口より徒歩15分　直通バス5分　● 東武伊勢崎線・JR【久喜駅】東口より自転車15分　直通バス10分、路線バスあり
● 東武伊勢崎線【和戸駅】自転車8分

15歳の考現学

日本に蔓延している「考えない病」
その病根にそろそろ気づいて
個々に脱け出す努力を始めないと

私立高校受験

東京私立高校
学校説明会日程

公立高校受験

都立高校の「大学合格力」は
どこまで伸びたか

高校入試の基礎知識

学校説明会に行こう
学校を見るポイント

受験情報

monthly topics 1

千葉県立

来年度募集定員は300人減

千葉県内の2013年３月の中学校卒業予定者数は、前年度比、約700人減の５万4900人程度となる見込み。

千葉県教育委員会は、この中学校卒業予定者数をもとに、県内全日制高校への進学率等を考慮して、2013年度の県立高校全日制課程の募集定員は、前年度比360人減の３万1480人とすることとした。

高校別の募集定員は別途策定される。

monthly topics 2

東京私立

東京都内私立高校（全日制）入学状況

東京都生活文化局は7月12日、2012年度の東京都内私立高校（全日制）入学状況（調査5月１日現在)の概要を以下のように発表した。

・2012年度の都内私立高校（全日制）への入学者数は５万9149人で、中学校卒業者数の増加等の影響もあり、前年度に比べ923人の増加となった。また、併設中学校からの進学者数は2万4907人で、入学者数の42.1%を占めている。

・合格者数に対する応募者数の割合を示す実質競争倍率は、推薦入試が前年度より減少して1.11倍、一般1次入試も前年度より減少して1.45倍となった。

Column 72

15歳の考現学

日本に蔓延している「考えない病」その病根にそろそろ気づいて個々に脱け出す努力を始めないと

森上《もりがみ》 展安《のぶやす》

森上教育研究所所長。1953年、岡山県生まれ。
早稲田大学卒業。進学塾経営などを経て、1987年に「森上教育研究所」を設立。
「受験」をキーワードに幅広く教育問題をあつかう。近著に『教育時論』（英潮社）や『入りやすくてお得な学校』『中学受験図鑑』（ともにダイヤモンド社）などがある。

中国留学生の学習意欲と日本の「考えない病」

中国東北地方の都市にある、日本語学校から東大や京大にたくさん合格者が出ている、と先日のAERAで特集されていました。

京都にあるその学園本部に、たまたま縁あって出かけてみましたが、話のとおり大勢の中国人の青年がいて、いずれも大変勉強家でした。

彼らの特徴は大変勉強熱心なことで、大学に入っても周囲によい影響を与えるのだ、といいます。

そういえば先日も韓国の民族史観高校というエリート校の様子を伝え聞きましたが、すがすがしい印象だったそうで、ガリ勉になっている様子とまったく違い、やはり快活だったとのことです。

それにつけても思うのはわが国の一部進学高校の実態です。とくに中堅校にめだつのですが、それこそスパルタの長時間指導で生徒がまったく無感動、思考停止に陥いっている光景に出くわすことです。生徒の授業中の態度が往々にして、このような「考えない病」になってしまっていることが気にかかります。

長時間の勉強という点ではわが国の私学も、中国・韓国におよばないまでもかなりしっかりやらせているところが少なくありませんが、この両者の違いはどこに由来するものなのでしょうか。

大胆に推察するに、わが国の「考えない病」発病は、授業中の指導方法にもあるのではないでしょうか。

というのもどうも問題の解き方の手順を覚えることに汲々としていて、自らが自らの脳で考える、というクセがまったくついていない様子が見えるのです。確かに1つひとつ解法の手順を覚えることに忙しいと、それは膨大なものになるでしょうから重労働であり重い負担感があります。

一方、考え方をマスターして、今度はどのアプローチで問題解決をしていこうか、とわくわくしながら解くとすれば設問などは苦にならず、第一、気分は愉快でしょう。

中国や韓国の高校生のすべてがそうであるとは思えませんが、少なくとも長時間の学習も苦にならずクリアしているとすれば、考えられるのはそういうことではないでしょうか。

近年、日本の学校の様子でよく聞くことは自分で勉強することの少なさです。というのもハイレベルの中学校の生徒でも、自ら勉強する、という意欲にまったく乏しくなっている、といいます。人に教えてもらわないと勉強しない、と先生や大人、親は受け止めるので、では、だれかに教えさせようとします。すると、ますます自らは勉強しなくなる――という悪循環になっています。

そこに集団指導の限界が見えてはいないか

都内でも屈指の進学私立小学校なのですが、授業中の光景を聞くと、授業崩壊一歩手前のような授業も少なくないようです。

それでも成績は優秀なので問題にならないのかもしれませんが、結局は苦痛というかおもしろくない授業になっているわけで、快活さということからはほど遠い様子なのです。

それは結局、授業がわからずに乗れない子どもと、わかりきって乗れない子がいるわけで、彼らとしては、退屈するしかなすすべがないのだろうと思います。

昔のようにスーパー先生がいて、40～45人の視線をくぎづけにするというカリスマはそうはいないにしても、また、以前より比べものにならないほど塾に行っている割合が高いために1人ひとりの習熟差が激しいにしても、こうした現状はなんとかしなくてはなりません。

インターナショナルスクールなどとの比較でいえば、そこではカリキュラムは個別化されており、達成度も明確です。

それに対し、わが国の学校の多くは、個別化された達成度は往々にして把握も明示もされず、切りがないという感じが強いです。一方、インターナショナルスクールなどの生徒への評価は、はるかに明確で、なにより本人がよくわかっています。そうしてみるとわが国の生徒のおかれている実情はかなり不安定で、いわば大事にされていません。

「考えない病」を自覚して自ら考える方策と努力を

先日、東京学芸大附属国際中等教育学校が、セミナーとしてこれまでのインターナショナルスクールのプログラムを取り入れた同校の教育講座（中学）について公開していましたが、評価が1人ひとり納得され、先生と共有されていることが1番のポイントであったように感じられました。

彼我を比較すればどちらが生徒の学習にとって有意義でかつ意欲的になれるか、といえばそれは明らかでしょう。

もっともわが国の授業が、すべて魅力的でないというわけではありません。現に東京学芸大国際中は、こうした試みを実現しているのです。

ただ今日、子どもが家で自主的に学習していないことが、これほどまで日常化していることは大変なことです。なぜなら学習というものは、人から教えてもらってわかる、ということは少なく、一度教えてもらったことを自分自身で再現したり確認したりしないと、身につかないものだからです。

しかるに現実は、教えてもらっているときしか「勉強して」いないのだとすれば、身につくことは、はなはだ少ないでしょう。これでは、いくら長時間勉強しても身につかないから、どこかで嫌気がさすにちがいありません。

測定して記録が伸びる、ということがあればトレーニング意欲が高まることはよく知られている事実です。

測定した結果が悪い一方であればやはり学習意欲は落ちます。この繰り返しであれば「考えること」をやめたくなるのではないでしょうか。

それでも現実のテストが目前にあると解法の手順を覚えることに必死になっている現実があります。その意味では一度、テストを棚上げして、改めて学習意欲がわくやり方で仕切りなおしてみてはどうでしょうか。

そうはいってもそのやり方は、どこでもやっているわけではないので、前掲したインターナショナルスクールや海外大学のサマースクールなどで参加しやすいものを選んでみるのもいいでしょう。

もちろん、中国や韓国の激しい学習意欲の背後には厳しい格差社会があり、その点はむしろわが国はまだ恵まれているのかもしれません。しかし、それもつかの間のうちで、2050年には日本のGDPは韓国の半分に落ちる、とのエコノミスト誌の長期観測記事も耳目に新しいです。

おそらく日常のこうした「考えない病」は、じつはあまり自覚されていないのではないでしょうか。あまりにもそれが当たり前になっているからだと、と筆者は思っています。

少なくとも世界標準となった英語をとおして世の中が見えるように、英字新聞や英書を見て考えるようにしたいものです。

私立★INSIDE

東京私立高校 学校説明会日程

３年生は、いよいよ志望校の最終絞り込みの時期を迎えています。秋は多くの学校で説明会が実施されますが、今月は東京の私立高校について、学校説明会の日程を一覧にしました。効率よく学校を回って志望校を決めましょう（協力:新教育研究協会）

進学可能性のある学校は一度は訪れておきたい

学校説明会にでかけ、各校が発する情報を受信するための心構えやポイントは、92ページの「高校入試の基礎知識」に掲載しています。

そのなかで、最も強調しておきたいのが、学校説明会には第1志望とする学校だけでなく、併願を考えている学校にも、ぜひ足を運んでおく、ということです。

入試ではなにが起きるかわかりません。入試を終えてみて、自らは不本意と感じる学校に進学せねばならないケースも出てきます。

そんなとき、一度もその学校を見学しておらず、学校のことを知らずに入学することは非常に危険です。進学してから学校とのミスマッチに気がつくことほど、残念なことはありません。

進学可能性のある学校には、一度は訪れておきたいものです。

かえつ有明は高校募集停止 高輪も事実上の募集停止へ

さて、今月号では東京の私立高校について、学校説明会や文化祭、体育祭の日程をまとめました。

通学圏で学校を探せるように、所在地別に並べてあります。

目を通せばわかるとおり、学校説明会の日程は、意外と重複するものです。

重複している日には興味のある学校のうちどちらを優先するのかを考えて、効率のよい日程をつくりましょう。

ただ、83ページからの一覧については調査の時点（5月）から、日程が変更になっている可能性もありますので、事前に必ず各校のホームページ等で確認してからおでかけください。

なお、**かえつ有明**は、２０１３年度の高校募集について帰国生のみの募集とすることにしました。

また、**高輪**は２０１４年度からの高校募集をとりやめることとし、２０１３年度については、剣道・バレーボール・硬式野球・柔道・バスケットボール・バドミントン・サッカー・硬式庭球のいずれかについて、とくに技量がすぐれ、入学後、そのクラブに所属して活動できる者にかぎって、15名の募集とすることを発表しています。

地区	高校名	男女	学校説明会	文化祭	体育祭
千代田区	錦城学園	共	10/27、11/17、12/2・8（各14:00）、予約不要	錦城祭9/29・30見学可	終了
	正則学園	男	10/27（14:00）、11/9・22（各18:00）、12/1・8（各14:00）予約不要	紫紺祭9/22・23見学可	体育祭10/23見学可
	東洋	共	10/7（10:00と14:00）、11/4（14:00）、11/23、12/2（各10:00と14:00）予約不要	白龍祭10/20・21見学可	終了
	神田女学園	女	10/6（14:00）、11/3、12/9・23（各10:00）、予約不要・要上履	姫竹祭9/29・30見学可	終了
	二松學舍大学附属	共	10/6・20・27（各14:00）、11/9（18:00）、12/1（14:00）、予約不要	二松學舍祭9/29・30見学可	終了
	千代田女学園	女	9/15（10:30本校と武蔵野大学有明キャンパス）、10/6（10:30、本校）、11/17、12/1（各13:30、本校）	学園祭9/29・30見学可	非公開
	東京家政学院	女	10/27（14:00）、11/14（10:00）、12/8（14:00）、要予約	常磐祭第2部9/29・30見学可	常磐祭第1部9/26見学可
港区	正則	共	9/15・22、10/7・8・20・28、11/3・4・10・11・17・18・24・25、12/1・2・8・9、1/12・26、2/2（各14:00、ただし10/7・8は10:00）	学院祭10/7・8見学可	終了
	高輪	男	2013年度はスポーツに優れた15名のみ募集。2014年度は募集停止。	高学祭9/29・30見学可	終了
	東海大学付属高輪台	共	10/28、11/17、12/9（各10:00）、予約不要・要上履	建学祭10/6・7見学可	体育祭9/25見学可
	慶應義塾女子	女	9/29（時間要確認、予約不要）	十月祭10/7・8見学可	非公開
	広尾学園	共	10/27（10:00）、11/10（9:30）、要予約	けやき祭10/6・7見学可	終了
	東京女子学園	女	10/20（10:00）、10/27（13:00）、11/17・25、12/1・8（各10:00）、要上履	梅香祭9/22・23見学可	終了
	明治学院	共	10/20、11/10（各14:00）、12/8（10:00）、予約不要	オリーブ祭9/21・22見学可	非公開
品川区	立正大学付属立正	共	10/20、12/1（各14:00）、予約不要	立正祭11/3・4見学可	終了
	小野学園女子	女	10/27、11/24、12/1・2・8（各13:30）、予約不要・要上履	志ら梅祭10/6・7見学可	終了
	青稜	共	10/6・27、11/24、12/1、（各14:00）、予約不要	青稜祭9/23見学可	終了
	朋優学院	共	10/20・27、11/10・17・24、12/1（各14:00）、12/8（10:00と14:00）、予約不要	虹色祭9/22・23見学可	終了
	品川エトワール女子	女	10/28、11/4・18・25、12/2（各14:00）、12/4（18:00）、12/8（14:00）12/12（18:00）、予約不要	秋輝祭10/6・7見学可	終了
	文教大学付属	共	10/6（10:30）、11/3（14:00）、11/24（10:30）、予約不要	白蓉祭9/15・16見学可	非公開
	日本音楽	女	9/15（13:00）、11/11（10:00）、11/24（13:00）、1/12（13:00）、要詳細確認	終了	実施しない
大田区	日体荏原	共	11/3・11・18・25、12/2（各10:00）、12/8（14:30）、1/6（10:00）、予約不要・要上履	荏原祭10/6・7見学可	終了
	大森学園	共	9/29、10/13・20、11/10・17・26、12/1・8、1/12、予約不要	学園祭9/21・22見学可	終了
	東京実業	共	10/20、11/3・10・14・23・24、12/1・2・8・9・22（各10:00、ただし11/14のみ18:00）、※11/10はオープンハイスクールと同日開催	オープンハイスクール11/9・10見学可	非公開
	蒲田女子	女	10/20（14:30）、11/11（10:00）、11/17・24（各14:30）、11/28（18:30）12/1・8（14:30）	有竹祭9/21・22見学可	非公開
	東京	共	10/13・27、11/10・17（各13:00）、11/25（10:00と13:00）、12/1（13:00）、予約不要	いちょう祭9/22・23見学可	終了
新宿区	成城	男	10/27、12/1（各10:00）、予約不要	成城祭9/15・16見学可	非公開
	保善	男	10/13・27、11/10・24、12/1・8（各10:00）、予約不要	文化祭9/29見学可	終了
	成女	女	9/29（各14:00）、10/13（10:00）、11/17（14:00）、11/24（10:00）、12/1（14:00）、予約不要	創立記念祭11/2・3見学可	非公開
	目白研心	共	10/27、11/24、12/8（（各14:00）、予約不要　※詳細は要HP確認	桐陽祭9/15・16見学可	実施しない
渋谷区	富士見丘	女	9/23（10:30）、10/27（10:00）、11/23、12/1（各13:30）、12/8（10:00）、予約不要　要詳細確認	文化祭9/22・23見学可	終了
	青山学院高等部	共	10/13、11/10（各13:30）、予約不要	文化祭9/15・17見学可	終了
	國學院	共	10/20、11/10・17・24（各14:00）、予約不要	國高祭9/16・17見学可	終了
	関東国際	共	10/13、11/10（各14:00、予約不要・要上履）、12/2・8（各10:00と14:00、予約不要・要上履）　※詳細は要HP確認	学園祭10/20・21見学可	実施しない
目黒区	自由ヶ丘学園	男	9/21（18:30）、10/6・20、11/10（各14:00）、11/18・23（各10:00）、12/1（14:00）	鳳凰祭11/3・4見学可	終了
	日本工業大学駒場	共	9/15（全学科各10時）、10/6・20、11/3・23（各工業科10時、普通科14時）、12/1（普通科10時）、12/2（工業科10時）	日駒祭9/15・16見学可	体育祭10/27見学可
	東京学園	男	10/6・13、11/17・24、12/1・8（各13:30）、予約不要・要上履	東学祭10/27・28見学可	終了
	目黒学院	共	10/27、11/4・11・17・25、12/1・8・9（各14:00）、予約不要	梧林祭10/6・7見学可	終了
	トキワ松学園	女	10/13（10:00）、11/24、12/1・8（各14:00）、要予約・要上履	トキワ祭9/29・30見学可	終了

地区	高校名	男女	学校説明会	文化祭	体育祭
目黒区	日出	共	9/29（10:00）、10/13、11/17（各14:00）、12/1・8、1/12（各10:00）、予約不要	すずかけ祭10/20・21見学可	終了
	多摩大学目黒	共	10/27、11/10、12/1、（各14:30）、予約不要	颯戻祭9/15・16見学可	終了
	八雲学園	女	学校見学会10/20、11/24（各9:00）、予約不要	文化祭10/13・14見学可	体育祭9/20見学可
世田谷区	国士舘	共	10/13、11/10、12/8（各10:00）、予約不要・施設見学や個別相談を希望する場合は要上履	秋楓祭11/2・3見学可	体育祭10/4見学可
	駒澤大学	共	10/20、11/10（各14:00）、11/24（13:30）、12/1（14:00）、予約不要	駒大高祭9/29 30見学可	非公開
	駒場学園	共	10/20、11/10・17・24、12/1・8（各15:00）、予約不要	若駒祭9/16・17見学可	終了
	日本学園	男	10/27、11/10・24、12/1・8、1/12（各14:00）※10/27、11/24、12/8は特進コース説明会同時開催	日学祭9/29・30見学可	終了
	国本女子	女	9/22（14:00）、11/3（10:00）、11/23（10:00と14:00）、12/1・8（各14:00）、12/9（10:00）、個別説明会12/7（18:00）	記念祭10/20・21見学可	終了
	佼成学園女子	女	10/14、11/4・25、12/1（各14:00）、予約不要	乙女祭9/22・23見学可	終了
	松蔭	共	10/13、11/3・23、12/8（各13:00）、予約不要	松蔭祭10/27・28見学可	終了
	下北沢成徳	女	10/13（各14:00）、11/2（19:00）、11/17（14:00）、11/23（10:00）、12/1・8（各14:00）	のぞみ祭9/15・16見学可	終了
	大東学園	共	10/20・27、11/3・10・17・18・24・25、12/1・2・4・6・8・9・11・13※土日は10:00、12:00、14:00開始、火木は16:00開始	大東祭10/6・7見学可	終了
	玉川聖学院高等部	女	10/20（13:30）、12/8（10:00）、予約不要	学院祭9/15・17見学可	終了
	戸板女子	女	12/1（10:30）、予約不要	戸板祭10/27・28見学可	終了
	東京都市大学等々力	共	9/22、10/20、11/23、12/24、（各14:30と15:00）、要予約	藍桐祭10/6・7見学可	終了
	日本女子体育大学附二階堂	女	10/6、11/11・25（各11:00）、予約不要	二階堂祭10/20・21見学可	終了
	東京農業大学第一	共	9/16、11/11、12/1（各14:00）、予約不要	桜花祭9/29・30見学可	終了
	日本大学櫻丘	共	10/13、11/17、12/1（各14:00）、各回とも日大文理学部百周年記念館。予約不要、要上履。	櫻高祭9/15・16見学可	終了
	成城学園	共	9/29、11/17、12/8（各14:00、予約不要）、予約不要	芙蓉祭11/2・3見学可	体育祭10/10見学可
	科学技術学園	男	11/10・17（各10:30）、12/1・8（各10:30と14:00）、1/12・26（各10:30）	かるた祭10/20見学可	かるた祭見学可
杉並区	佼成学園	男	9/29、10/28（各14:00）、11/16（18:00）、11/24、12/1（各14:00）、予約不要	渦潮祭9/22・23見学可	実施しない
	専修大学附属	共	10/6、11/10・24、12/1（各14:00）、予約不要	いずみ祭9/29・30見学可	非公開
	文化学園大学杉並	女	10/13・27（各14:00）、11/8（19:00）、11/18（10:00）、※原則として予約優先だが当日参加も可（予約はHPにて）	薔薇祭9/29・30見学可	未定見学可
	杉並学院	共	10/27、11/17・24、12/1・8（各14:30）、予約不要	杉学祭9/15・16見学可	非公開
	女子美術大学付属	女	9/29、11/17（各14:00）、12/8、1/12（各16:00）、予約不要	女子美祭10/27・28見学可	終了
	東京立正	共	9/30（10:00）、10/27、11/17・24、12/1・8（各13:30）、予約不要	紫苑祭9/29・30見学可	終了
	國學院大學久我山	別	10/13（12:15）、11/10（15:30）、予約不要	久我山祭9/29・30見学可	終了
	日本大学第二	共	10/27、12/1（各14:30）、予約不要	銀杏祭9/15・16見学可	終了
	日本大学鶴ヶ丘	共	10/6・27、11/17（各受付14:00）、予約不要	鶴ヶ丘祭9/15・16見学可	非公開
	中央大学杉並	共	9/15（14:00、要予約）、10/27・28（文化祭同日開催、予約不要）、11/17（14:00、要予約）各回とも要上履	緑苑祭10/27・28見学可	体育祭9/22見学可
中野区	明治大学付属中野	男	10/13（14:00）、11/4（10:00）、予約不要	桜山祭文化の部9/22・23見学可	非公開
	新渡戸文化	女	10/6、11/24、12/1・8（各14:00）、予約不要　※要HP確認	新渡戸祭10/27・28見学可	創作舞踊発表会9/22見学可
	宝仙学園女子部	女	12/1・8（各14:00）、予約不要	宝仙祭10/27・28見学可	終了
	宝仙学園共学部理数インター	共	9/15、10/13（各14:30）、11/4（10:30）、11/10（14:30）、12/1（10:30）、12/8、1/12・19（各14:30）	宝仙祭10/27・28見学可	終了
	東亜学園	共	10/28、11/4・11・25、12/2・8・9（各13:00）、予約不要	東亜祭9/15・16見学可	体育祭9/22見学可
	堀越	共	10/20、11/11（各10:00と14:00）、予約不要	堀越祭10/6・7見学可	堀越祭9/30見学可
	実践学園	共	10/13・27、11/17、12/1・8（各14:30）、予約不要・要上履　※10/13は特待生説明会	実践祭9/22・23見学可	終了

地区	高校名	男女	学校説明会	文化祭	体育祭
練馬区	早稲田大学高等学院	男	9/29（15:00）、9/30、11/18（14:00）、各回とも早稲田大学大隈記念講堂にて。予約不要	学院祭10/13・14 見学可	非公開
	東京女子学院	女	10/13、11/10（各10:30）、11/24（13:30）、12/1・22（各10:30）	芙蓉祭9/15・16 見学可	体育祭10/7 見学可
文京区	郁文館	共	10/6（時間未定）、12/1（14:00）、予約不要	郁秋祭10/6・7 見学可	終了
	郁文館グローバル	共	10/6（時間未定）、12/1（14:00）、予約不要	郁秋祭10/6・7 見学可	終了
	昭和第一	共	10/13・20、11/10・17・24、12/1（各14:00）、予約不要	一高祭9/21・22 見学可	終了
	日本大学豊山	男	9/30（10:30）、10/27（14:00）、11/23（10:30）、予約不要	終了	終了
	京華	男	9/15、10/13（各14:30）、11/18（14:00）、11/23（10:30と14:00）、12/1（14:30）、予約不要	京華祭10/27・28 見学可	体育祭10/6 見学可
	淑徳ＳＣ高等部	女	9/29、10/6・20、11/18（各14:00）、予約不要	なでしこ祭 10/27・28 見学可	終了
	貞静学園	共	10/6・27、11/10・11・17・18・24・25、12/1・2・8・9・16・23、1/12（各14:00）、予約不要	ひなづる祭 9/22・23 見学可	終了
	東洋女子	女	9/15・29、10/6・14・20・27、11/3・10、12/1（各14:30）※7/13のみ要予約、他は予約不要	秋桜祭9/23・24 見学可	終了
	文京学院大学女子	女	9/15、10/7・26・28、11/4・17、12/1・9・16、予約不要、※各開始時刻は要HP確認	文女祭9/29・30 見学可	非公開
	村田女子	女	10/13、11/10（各14:00）、11/17（13:30）、11/23、12/1・8・15（各14:00）、予約不要	むらた祭9/29・30 見学可	終了
	京華女子	女	9/17（13:00）、10/6、11/10（各14:30）、11/23（13:00）、12/1・8・26、1/12（各14:30）※9/17と11/23は要予約	京華祭10/27・28 見学可	体育祭9/30 見学可
	京華商業	共	10/13、11/17・24、12/1・8（各14:00）、12/9（10:00）、予約不要	京華祭10/27・28 見学可	体育祭9/26 見学可
	駒込	共	10/27、11/17、12/1・22、1/12（各14:00）	玉蘭祭9/29・30 見学可	体育祭10/25 葛飾区総合グラウンド見学可
	東京音楽大学付属	共	12/23（10:30）、東京音楽大学J館にて、予約不要	音羽祭11/3・4 見学可	非公開
	東邦音楽大附東邦	共	10/20（13:00）、要電話またはHP予約	終了	実施しない
	中央大学	共	10/6・27（各14:00）、11/25（11:00）、予約不要　※生徒会主催説明会11/17	後楽祭9/15・16 見学可	非公開
豊島区	学習院高等科	男	10/20（15:00）、予約不要	鳳櫻祭11/3・4 見学可	非公開
	巣鴨	男	10/13、11/17（各10:00）、予約不要・要上履	巣園祭9/16 浮間校舎見学可	体育祭9/24 北区立北運動場見学可
	豊島学院	共	10/7・28（各14:00）、11/3（10:00）、11/10・17（各14:30）	豊昭祭9/15・16 見学可	終了
	昭和鉄道	共	10/8（各10:00）、11/11・24（各14:00）、予約不要・要上履	豊昭祭9/15・16 見学可	非公開
	本郷	男	10/26（16:30）、11/24、12/8（各14:00）、予約不要・要上履　※12/8は入試問題傾向解説	本郷祭9/15・16 見学可	終了
	十文字	女	10/6・27、11/10・24、12/8（各14:00）、予約不要・要上履	十文字祭9/22・23 見学可	終了
	淑徳巣鴨	共	10/12（19:30）、※10/12のみ要HP予約、他は予約不要	淑鴨祭9/29・30 見学可	終了
	豊島岡女子学園	女	9/15、10/27、11/24（各10:00）、予約不要・要上履	桃李祭11/3・4 見学可	運動会10/7 見学可
	豊南	共	9/30、10/8、11/3・11（各10:00と14:00、予約不要）、11/16（18:00、要予約）	銀杏祭9/15・16 見学可	終了
	城西大学附属城西	共	10/6・20、11/17、12/1、1/12（各14:30）、予約不要	しいの木祭 9/29・30見学可	終了
	川村	女	9/28（18:30）、10/27（14:00、要予約）	学園祭11/17・18 見学可	非公開
	立教池袋	男	10/1（10:00）、予約不要	R.I.F.11/2・3 見学可	非公開
北区	安部学院	女	10/27、11/11・17・24、12/1・8・9（各14:00）、予約不要・要上履	実施しない	非公開
	桜丘	共	10/13・27、11/10・17・24、12/8（各14:00）、予約不要	桜華祭9/23 見学可	終了
	成立学園	共	10/8・13、11/3・17、12/1（各13:00）※詳細は要確認	成立祭9/29・30 見学可	終了
	星美学園	女	9/16、11/10（各13:00）、予約不要	星美彩10/13・14 見学可	体育祭9/29 見学可
	瀧野川女子学園	女	9/29、10/6・27、11/10（各14:00）、11/22（18:00）、12/1・8（各14:00）、12/22（10:00）、要予約・要上履	学園祭9/15・16 見学可	終了
	東京成徳大学	共	10/14、11/3・18、12/1（各9:30）、予約不要	桐蔭祭9/29・30 見学可	終了
	武蔵野	共	10/6・20（各13:00）、11/3（10:00）、11/17・24（各13:00）、12/1・8（各10:00と12:00）、予約不要	終了	終了
	順天	共	10/20（9:00と13:00）、10/27（13:00と15:00）、11/10、12/1（各9:00と13:00）、予約不要	北斗祭9/22・23 見学可	終了

地区	高校名	男女	学校説明会	文化祭	体育祭
北区	駿台学園	共	10/27（13:30）、11/7（18:00）、11/17・24、12/1・8（各13:30）、11/7のみ要予約、他は予約不要	駿台学園祭9/29・30見学可	終了
	京北	男	9/16、10/28（各14:00）、11/18（16:00）、11/24（14:00）、12/2（15:00）、12/8（14:00）、12/15（14:00）、予約不要、要上履	京北祭10/7見学可	運動会9/20見学可
	京北学園白山	男	9/30（15:00）、10/27（14:00）、11/11（15:00）、11/17（14:00）、11/25（15:00）、12/1（14:00）、12/9（15:00）、12/22（14:00）、1/12（17:00）、予約不要、要上履	京北祭10/7見学可	運動会9/20見学可
板橋区	芝浦工業大学	男	9/15、11/17（各10:30）、予約不要	芝生祭9/29・30見学可	終了
	城北	男	10/13、11/23（各13:30）、予約不要・要上履	文化祭9/29・30見学可	体育祭9/15見学可
	大東文化大学第一	共	9/15、10/6・13・20、11/10・17、12/1・8（各14:00）、予約不要	雄飛祭9/29・30見学可	終了
	淑徳	共	9/23、10/21（淑徳ホール）、11/4（本校）、11/23（淑徳ホール）、11/25（本校）、12/16（淑徳ホール）、各回とも14:00、予約不要	光輪祭9/15・16見学可	終了
	東京家政大学附属女子	女	10/20（14:00）、11/4・18（各10:00）、12/1（14:00）、予約不要	緑苑祭10/27・28見学可	非公開
	日本大学豊山女子	女	10/27、11/24、12/8（各13:00）、予約不要 ※12/8は個別相談形式	秋桜祭9/22・23見学可	終了
	帝京	共	9/15・29、10/13（各13:30）、10/28（11:00）、11/17（13:30）、11/25（11:00）、12/1（13:30）、予約不要	蜂桜祭10/6・7見学可	非公開
中央区	日本橋女学館	女	10/6・27、11/10・18（各14:00）、12/1・8（各10:00）、予約不要	女学館祭9/22・23見学可	終了
台東区	岩倉	男	10/13、10/20、11/11・18・25、12/2・9、1/6 ※各予約は要確認、（10月は普通科14:00、運・機・商13:00と15:00、11月以降の時間は要確認）	岩倉祭10/27・28見学可	体育祭9/29見学可
	上野学園	共	普通科9/22（13:30）、9/23、10/27、11/23（各10:00）、12/1・8（各14:00）、要予約	桜鏡祭9/22・23見学可	体育大会11/2見学可
荒川区	開成	男	10/21（9:30）、要予約	文化祭9/22・23見学可	終了
	北豊島	女	9/15、10/20、11/10・24、12/8（各14:00）、予約不要	北桜祭10/6・7見学可	実施しない
足立区	足立学園	男	10/13、11/10、12/1（各14:00）、予約不要・要上履	学園祭9/22・23見学可	終了
	潤徳女子	女	9/22、10/28（10:00）、11/6（18:00）、11/11・25（各10:00）、12/2・9（各14:00）、1/6（10:00）	うるおい祭9/22・23見学可	うるおい祭10/6見学可
墨田区	日本大学第一	共	10/20、11/17、11/18、要予約 ※時間はすべて要確認	櫻墨祭9/22・23見学可	体育祭10/2見学可
	安田学園	男	10/13、11/17、12/1・8（各14:30）、予約不要	安田祭10/27・28見学可	非公開
葛飾区	共栄学園	共	冬期講習は12月24日・25日	共栄祭9/15・16見学可	非公開
	修徳	共	10/27、11/10・24、12/1・8（各14:00）、予約不要	修徳祭11/1見学可	体育祭9/25見学可
江東区	中央学院大学中央	共	10/20、11/17、12/1（各14:00）、予約不要・要上履	実施しない	非公開
	かえつ有明	共	2013年度高校募集停止。帰国生男女10名のみ募集。	かえつ文化フェスタ9/22・23見学可	終了
江戸川区	関東第一	共	10/27（14:00）、11/10・23（10:00と14:00）、12/4（19:00）※特進コース説明会は要HP確認	関一祭9/22・23見学可	終了
	愛国	女	10/13（10:00）、11/11（10:00と14:00）、11/14（17:30）、11/23、12/2（各10:00と14:00）、12/9、1/14（各10:00）	なでしこ祭9/15・16見学可	創立記念祭11/3見学可
	江戸川女子	女	9/15、10/13、11/10、12/8（各14:00）、予約不要	終了	非公開
八王子市	工学院大学附属	共	9/15（本校10:00）、10/6、11/10・24、12/1（各14:00工学院大学八王子校舎）、予約不要※開催場所は要確認	夢工祭9/29・30見学可	体育祭10/26見学可
	聖パウロ学園	共	10/6・13・20、11/10・23、12/1・2・9（各10:00）、予約不要・要上履	パウロ祭9/29・30見学可	終了
	共立女子第二	女	9/29、10/27、11/24（各14:00）、予約不要・要上履	白亜祭9/15・16見学可	終了
	八王子実践	共	10/27（14:00）、11/3（10:00）、11/10・17・24（各14:00）、12/1・8（各10:00と13:00）、予約不要	明鏡祭9/14・15見学可	体育祭9/28見学可
	八王子学園八王子	共	9/29（全コース13:00）、9/15、10/20・27、11/10・17、12/1・8（文特各11:00、文進・文普各13:00と14:30）	学園祭9/29・30見学可	非公開
	帝京八王子	共	9/15、10/8・27、11/17・24（各14:00）、12/2・9（各12:00）、12/15（14:00）、1/6（12:00）、予約不要	蔦校祭10/7・8見学可	終了
	明治大学付属中野八王子	共	10/20、11/24（各14:30）、予約不要 ※詳細要確認	戸富貴祭10/27・28見学可	終了
	帝京大学	共	10/6、11/10、12/1（各14:00）、予約不要	邂逅祭11/3・4見学可	終了
町田市	鶴川	女	見学会10/6・13・27、11/10・17、12/8・15・22（各10:00）、要予約	文化祭10/20見学可	終了
	日本大学第三	共	10/13、11/17、12/1（各13:45）、予約不要	三黌祭9/29・30見学可	終了

私立★INSIDE

地区	高校名	男女	学校説明会	文化祭	体育祭
町田市	桜美林	共	9/29、10/27、11/24、12/1（各14:00）、予約不要・要上履	桜空祭9/22・23見学可	終了
	玉川学園高等部	共	9/15、10/20、12/8（各10:00）、予約不要	ペガサス祭9/14・15見学可	玉川学園体育祭10/6見学可
	和光	共	10/13、11/11・23、12/1・8（各13:30）、予約不要	和光祭11/3・4見学可	終了
立川市	昭和第一学園	共	11/10・17（各14:00）、11/25（10:00）、12/1（14:00）、予約不要	菊葉祭9/29・30見学可	菊葉祭10/3見学可
	立川女子	女	11/24、12/1（各10:00と14:00）、12/8・25（各13:00）、予約不要	撫子祭11/3・4見学可	終了
昭島市	啓明学園	共	10/13、11/10、12/1（各10:00）、※予約の有無等詳細は要HP確認	文化祭9/21・22見学可	運動会10/5見学可
あきる野市	東海大学菅生	共	10/6・27、11/17・24（各13:30）、12/2（10:00）、12/8（13:30）、予約不要・要上履	菅生祭9/22・23見学可	非公開
武蔵野市	藤村女子	女	10/20（14:00）、11/3（11:00）、11/10・17・24（各14:00）、予約不要	藤村祭9/29・30見学可	演技発表会9/20見学可
	成蹊	共	10/27、12/1（各13:30、成蹊大学）、予約不要、キャンパスツアー参加者は要上履	蹊祭9/29・30見学可	非公開
	聖徳学園	共	10/27（10:00）、11/5（19:00）、11/17（10:00）、12/3（19:00）、要予約	太子祭9/29・30見学可	終了
小金井市	中央大学附属	共	12/1（各11:00、予約不要）、小さな学校説明会10/13（13:00）、要予約	白門祭9/29・30見学可	体育祭10/6見学可
	東京電機大学	共	10/6、11/10、12/1（各14:00）、予約不要	ＴＤＵ武蔵野祭9/15・16見学可	終了
	国際基督教大学	共	10/13、11/10（各14:00）、予約不要	学校祭9/21・22見学可	非公開
西東京市	文華女子	女	9/15・16（各11:30）、10/14・28、11/3・18・23、12/2・9（各10:00）、予約不要	文華祭9/15・16見学可	終了
	武蔵野女子学院	女	10/6（14:00）、11/3（10:00）、12/1（14:00）、予約不要	樹華祭10/13・14見学可	樹華祭9/29見学可
東久留米市	自由学園高等科	別	男子部10/27、11/10（各11:00）、女子部10/27、12/8（時間要確認）、要予約	美術工芸教育発表会11/16-18見学可	体操会10/6見学可
小平市	錦城	共	10/14・28、11/11（各10:00）、11/17・24（各14:00）、予約不要・要上履	錦城祭9/15・16見学可	実施しない
	白梅学園	女	10/21、11/17・24、12/2（各時間要確認）、予約不要	白梅祭9/16見学可	終了
	創価	共	10/6（13:30）、10/7（10:00と13:30）、予約不要・要上履	情熱の日学園祭9/30見学可	実施しない
武蔵村山市	拓殖大学第一	共	10/20（10:00）、10/27、11/10・24、12/1（各14:00）、予約不要・要上履・靴袋	拓高祭9/15・16見学可	終了
東村山市	明治学院東村山	共	9/29、11/10、12/1、1/12（各14:00）、予約不要	ヘボン祭11/2・3見学可	終了
	明法	男	9/29・30、10/27、11/10・17（各14:30）、要上履※他の日は詳細要HP確認	明法祭9/29・30見学可	終了
	日体桜華	女	11/3・10、12/1（各14:30）、12/9（午前）、予約不要・要上履	桜華祭9/22・23見学可	桜華祭9/29見学可
国分寺市	早稲田実業学校高等部	共	10/13・14（各14:00、一般入試対象）、10/20（14:00、推薦入試対象）、予約不要	いなほ祭10/6・7見学可	体育祭9/25見学可
清瀬市	東星学園	共	10/20（各14:00）※見学会11/17（10:30）、要予約・要上履	東星バザー10/28見学可	体育祭10/13見学可
三鷹市	大成	共	10/28（14:00）、11/4（10:00）、11/18（14:00）、11/25（10:00）、12/2・9（各14:00）、予約不要・要上履	大成祭9/22・23見学可	終了
	明星学園	共	10/6（14:00）、10/28（10:00）、11/10・24、12/1（各14:00）、12/2（10:00）、予約不要	明星祭9/29・30見学可	終了
	法政大学	共	10/13（14:30）、11/17、12/1（各13:20と15:30）、要予約	鈴掛祭9/22・23見学可	実施しない
調布市	桐朋女子音楽科	共	冬期講習12/24・25、学校見学・月～金、要予約	桐朋祭11/2・3見学可	終了
	桐朋女子(普通)	女	9/29・30（文化祭中のため受付随時）、10/20（13:00）、11/24（13:30）、予約不要	桐朋祭9/29・30見学可	終了
	明治大学付属明治	共	10/20（10:00と14:00）、11/24（10:30と14:00）　※10/20と11/24の午後は予約不要、その他は要予約	紫紺祭11/3・4見学可	実施しない
府中市	明星	共	9/22（10:00）、10/13（14:00）、11/17（15:00）、11/25、12/2（各10:00）、予約不要	明星祭9/29・30見学可	終了
国立市	桐朋	男	10/6、12/8（各14:00）、予約不要・要上履	終了	終了
	国立音楽大学附属	共	10/6（普通10:00）、11/4（音楽13:30）、11/10（普通13:30）、12/1（普通13:30）、予約不要・要上履	芸術祭9/22・23見学可	終了
多摩市	多摩大学附属聖ヶ丘	共	10/13、11/10、12/8（各14:00）、1/14（10:00）、予約不要、高校入試の具体的内容は個別説明（詳細要確認）	聖祭9/16・17見学可	終了
稲城市	駒沢学園女子	女	9/15、10/6、11/24、12/1（各13:30）、予約不要	りんどう祭10/20・21見学可	終了

公立★CLOSE UP

都立高校の「大学合格力」はどこまで伸びたか？

安田教育研究所　副代表　平松 享

今年、都立の進学指導重点校から難関大学（東大、京大、一橋大、東工大、国公立大医学部医学科）に合格した者の合計は342名と、指定以来最多を記録しました。実績を伸ばす都立が、私立、国立の強豪校にどこまで近づき、迫ることができたか調べてみました。㈱大学通信から提供を受けた資料をもとに、補足と集計、および分析は安田教育研究所が行いました）。

進学校の指定と重点校の見直し

東京都では、大学進学にとくに力を入れる学校を、次の4つのグループに分けて指定しています。

①進学指導重点校（進学重点校）…**日比谷**、**戸山**、**西**、**八王子東**、**青山**、**立川**、**国立**の7校。

②進学指導特別推進校（特進校）…**小山台**、**駒場**、**新宿**、**町田**、**国分寺**の5校。

③進学指導推進校（推進校）…**三田**、**国際**、**豊多摩**、**竹早**、**北園**、**墨田川**、**小松川**、**城東**、**江北**、**江戸川**、**日野台**、**武蔵野北**、**小金井北**、**調布北**の14校。

④中高一貫6年生教育校（一貫校）…＊**桜修館**、**富士**、**大泉**、＊**小石川**、**白鷗**、**両国**、＊**南多摩**、＊**立川国際**、**武蔵**、＊**三鷹**の10校（＊は中等教育学校で高校募集は行わない）。

一方、東京都では東大、京大、一橋大、東工大および国公立大学医学部医学科を「難関大学」と位置付け、これらの大学に現役で合格することを、都立の進学校の第一目標に掲げています。

このため、①の進学重点校は「難関大学進学を目指す学校」として、②の特進校は、「難関大学を中心とした進学実績の向上を目指す学校」として、③の推進校は、「国公立大学及び難関私立大学への進学を目指す取組を強化する学校」として、毎年、その成果を評価されています。

なかでも進学重点校は、厳しい「選定基準」を設けて検証を行っています。今年6月には「指定の見直し」があり、**青山**の継続に黄信号が灯りました。

日比谷、**西**、**国立**、**八王子東**、**戸山**、**立川**の6校は、２０１７年度まで、5年間の指定継続が決まりました。

青山については、すでに入学している生徒に配慮して、２０１４年度までの2年間の継続が認められましたが、その後は白紙です。その間の合格実績で顕著な向上があれば、あらためて指定を行うことになりました。

「見直し」では、特進校から昇格する学校はありませんでしたので、重点校は6校、「準」重点校（正式名称ではありません）1校という形になりましたが、今後**青山**の生徒は、これまで以上に頑張るでしょうから、高校入試でも、しばらくは7校体制が続くと考えられます。

伸び続ける「難関大学」合格者数

【グラフ①】

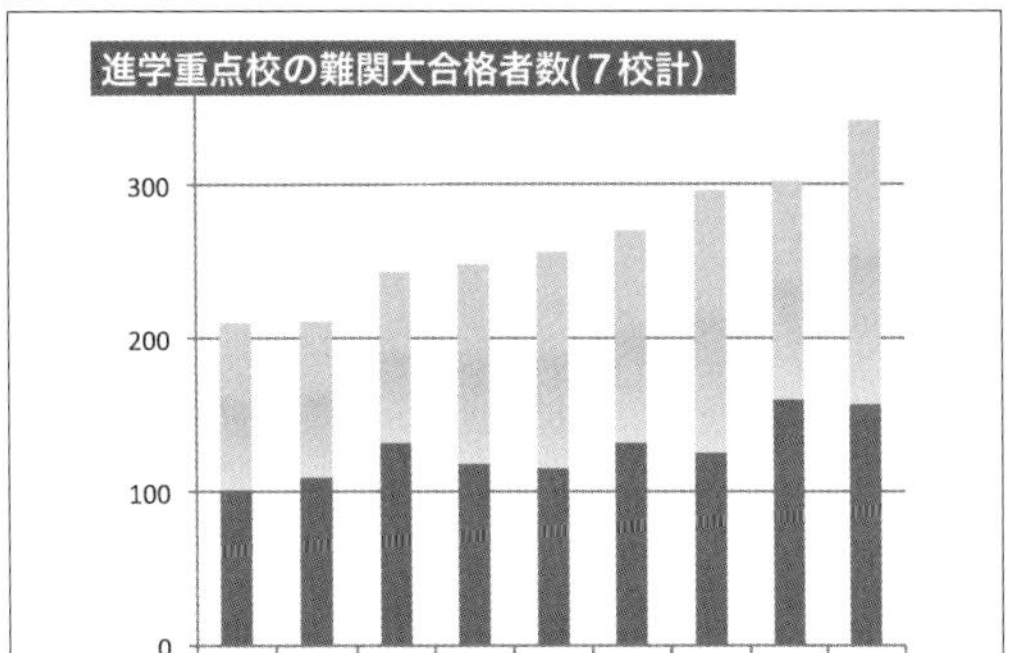

	04	05	06	07	08	09	10	11	12
浪人	109	102	111	130	141	138	171	142	185
現役	101	109	132	118	115	132	125	160	157

【グラフ①】では、進学重点校の「難関大学」合格者数の9年間の推移を示しました（6月14日、都教委発表）。

重点校の指定は2001年。その3年後の2004年から今春まで、「難関大学」の合格者数の合計を、浪人（棒の上部）と現役（同下部）に分け、年度ごとに1本の棒で示しました。

7校の合格者数の合計は、この9年間で、現役が101人から157人と約1・5倍に、浪人は109人から185人と約1・7倍に、総数では、210人から342人と約1・6倍に増加しています。

グラフでは、増加に波があるものの、現役プラス浪人では着実に伸びていることがわかります。

よく見ると現役は2006年と2011年に前年より大幅に伸びています。2006年は、2003年に高校に入学した生徒が残した実績です。2003年は先行して指定を受けた**日比谷**、**戸山**、**西**、**八王子東**の4校に続いて、準備校だった**青山**、**立川**、**国立**の3校が正式に指定を受け、現在の7校体制がスタートした年でした。

2011年の伸びは、経済的な影響が大きいと考えられますが、2008年のリーマンショックより前の入学生の実績ですから、今後もさらに伸び続けると思います。

各校別にみると、9年間を通して、現役合格者数が最も多かったのは、昨年の**日比谷**の49人、浪人は今年の**西**の64人。総数では今年の**西**の99人が最多です。

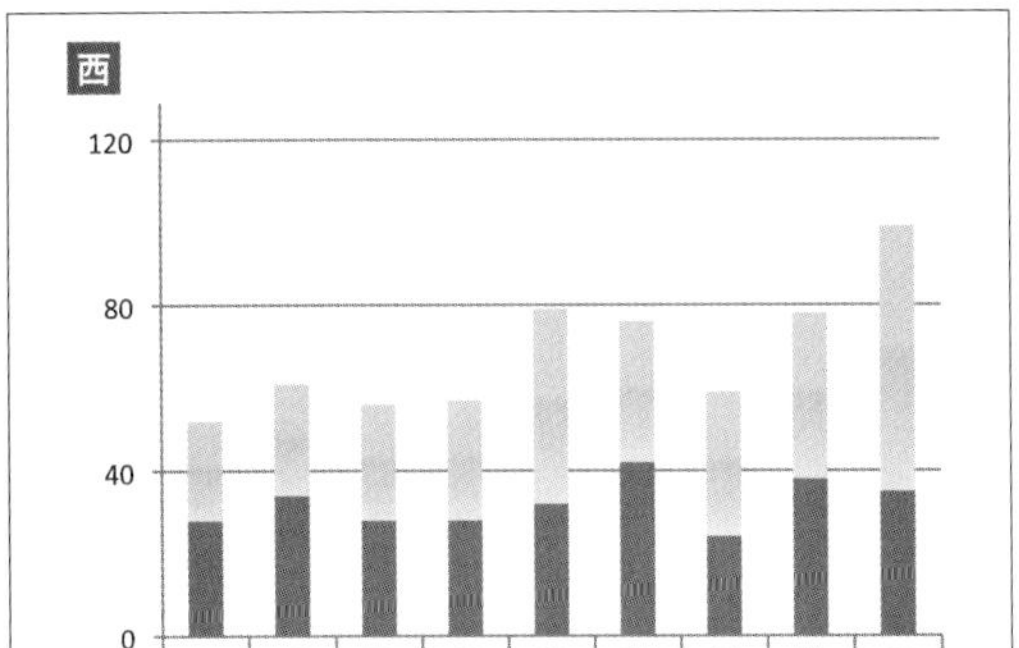

	04	05	06	07	08	09	10	11	12
浪人	24	27	28	29	47	34	35	40	64
現役	28	34	28	28	32	42	24	38	35

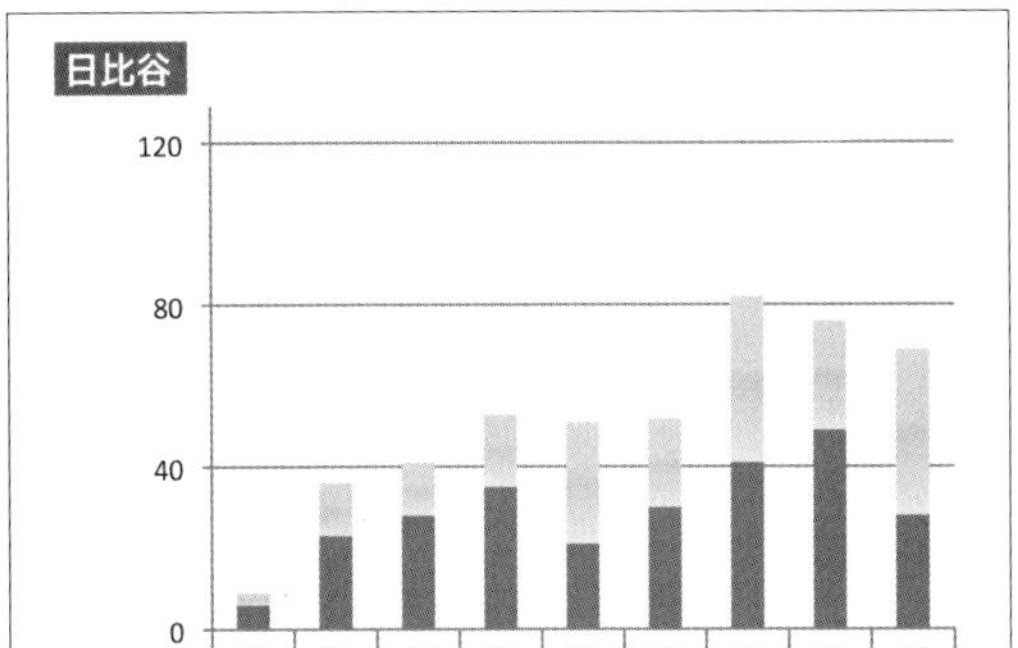

	04	05	06	07	08	09	10	11	12
浪人	3	13	13	18	30	22	41	27	41
現役	6	23	28	35	21	30	41	49	28

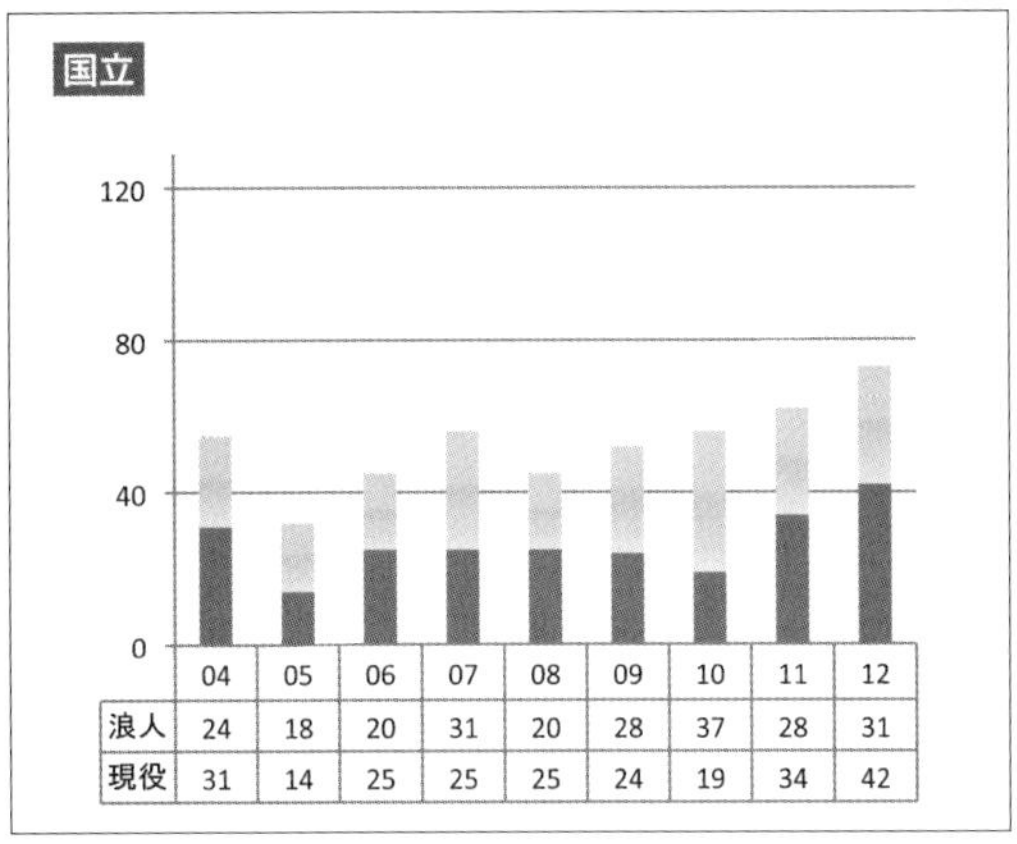

	04	05	06	07	08	09	10	11	12
浪人	24	18	20	31	20	28	37	28	31
現役	31	14	25	25	25	24	19	34	42

今年、現役合格者が重点校で最多だった**国立**は、2009年から4年続けて総数を前年より増やしています。逆に一昨年、82名とピークを刻んだ**日比谷**は、今春は現役が大幅に減って、総数では2年連続して減少。一方、**西**は浪人の増加で、2年続けて総数で増加しています。

重点校は、この3校がトップグループを形成し、**八王子東**、**戸山**が2番手に、**立川**、**青山**がその後についています。今春の**立川**の「難関大学」合格者数は、現役13人、浪人7人、**青山**は現役8人、浪人2人でした。

近年はトップと2番手以下の差が、やや開いてきたようです。

首都圏の私立国立と比べたら?

【表①】は、今春、首都圏(東京、神奈川、千葉、埼玉)の高校から、「難関大学」へ合格した生徒の人数を合計し、現役で合格した人数の多い学校の順に、上位40校を並べたものです。

表の数字でめだつのは、1位の**開成**です。今年**開成**は、現役176人(前年161人)、現役と浪人を合わせた総数で285人(同245人)と、合格者数を、昨年より現役で15人、総数で40人も増やしました。

東大理Ⅲの合格者数も11人(うち現役9人)と、首都圏では、ずば抜けた強さを見せています。

この春、首都圏の高校から「難関大学」に合格した生徒は全部で4336人(うち現役2570人)。このうち、**【表①】**の40校の合格者数は、合計3083人(うち現役1828人)と、首都圏全体の合格者の7割以上を占めています。

40校には、私立が28校、国立が3

【表①】

順位	難関大学		学校名	地域	設置	東京大		国公立大医学部	
	現役	総数				現役	総数	現役	総数
1	176	285	開成	東	私	139	203	29	67
2	99	136	聖光学院	神	私	50	65	22	36
3	87	135	駒場東邦	東	私	51	69	19	34
4	80	122	桜蔭	東	私	44	58	31	56
5	77	163	麻布	東	私	51	90	12	35
6	75	118	海城	東	私	34	47	21	35
7	72	126	渋谷教育学園幕張	千	私	32	49	11	38
8	71	102	筑波大附属駒場	東	国	67	83	7	20
9	60	108	栄光学園	神	私	49	70	4	21
10	58	120	東京学芸大附属	東	国	33	55	9	37
11	58	92	豊島岡女子学園	東	私	20	25	20	45
12	55	90	浅野	神	私	19	29	10	19
13	48	88	桐朋	東	私	17	25	9	19
14	48	63	女子学院	東	私	20	23	10	18
15	47	82	巣鴨	東	私	26	41	19	34
16	42	73	国立	東	公	9	15	6	18
17	41	84	千葉(県立)	千	公	16	31	7	19
17	41	67	筑波大附属	東	国	18	30	11	22
17	41	62	早稲田	東	私	15	23	8	15
20	36	43	サレジオ学院	神	私	6	8	3	7
21	35	99	西	東	公	9	24	3	15
22	34	54	芝	東	私	10	14	5	12
23	31	93	浦和(県立)	埼	公	14	40	3	21
23	31	55	湘南	神	公	14	21	1	9
23	31	45	横浜翠嵐	神	公	7	11	2	8
23	31	33	世田谷学園	東	私	12	12	6	8
27	30	44	大宮	埼	公	12	17	1	8
28	29	57	城北(私立)	東	私	11	16	6	17
28	29	39	フェリス女学院	神	私	11	12		8
30	28	69	日比谷	東	公	18	30	3	17
30	28	46	攻玉社	東	私	13	19	5	13
32	27	36	渋谷教育学園渋谷	東	私	13	16	7	9
33	26	30	開智	埼	私	9	9	12	15
34	19	51	武蔵(私立)	東	私	9	20	3	10
34	19	43	東邦大付属東邦	千	私	8	10		17
34	19	32	戸山	東	公	4	10	1	4
34	19	26	雙葉	東	私	9	10	1	5
34	19	26	市川	千	私	5	6	5	8
39	18	29	鷗友学園女子	東	私	3	4	5	14
40	16	20	栄東	埼	私	8	11	3	4

東京医科歯科大、筑波大、広島大、横浜市立大、大阪市立大、自治医科大の医学部では、現役の合格者数が判明していません。実際の現役合格者数より少ない場合があります。

【表②】

順位	「難関大学」占有率		学校名	地域	設置	東京大		東工大		一橋大		京都大		左計		国公立大医学部計	
	現役	総数				現役	総数	現役	総数	現役	総数	現役	総数	現役	総数	現役	総数
1	44%	71%	開成	東	私	139	203	7	10	7	10	3	7	156	230	29	67
2	44%	63%	筑波大附属駒場	東	国	67	83	1	3			1	1	69	87	7	20
3	43%	60%	聖光学院	神	私	50	65	12	14	14	19	2	3	78	101	22	36
4	37%	58%	駒場東邦	東	私	51	69	11	16	6	11	3	8	71	104	19	34
5	34%	61%	栄光学園	神	私	49	70	5	8	3	9	0	1	57	88	4	21
6	33%	51%	桜蔭	東	私	44	58	3	3	5	9	3	3	55	73	31	56
7	26%	55%	麻布	東	私	51	90	5	10	3	11	8	20	67	131	12	35
8	22%	28%	女子学院	東	私	20	23	5	7	10	11	3	4	38	45	10	18
9	21%	34%	浅野	神	私	19	29	13	15	11	21	2	6	45	71	10	19
10	20%	24%	サレジオ学院	神	私	6	8	15	15	10	11	2	2	33	36	3	7
11	20%	31%	海城	東	私	34	47	12	14	7	15	5	12	58	88	21	35
12	19%	34%	渋谷教育学園幕張	千	私	32	49	14	19	11	15	4	5	61	88	11	38
13	19%	33%	巣鴨	東	私	26	41	1	3	1	2	1	3	29	49	19	34
14	18%	29%	筑波大附属	東	国	18	30	5	6	6	7	3	4	32	47	11	22
15	16%	34%	東京学芸大附属	東	国	33	55	7	9	5	14	4	5	49	83	9	37
16	16%	21%	フェリス女学院	神	私	11	12	10	11	7	7	1	1	29	31		8
17	16%	25%	豊島岡女子学園	東	私	20	25	9	9	7	9	3	5	39	48	20	45
18	15%	16%	世田谷学園	東	私	12	12	7	7	5	5	1	1	25	25	6	8
19	15%	27%	桐朋	東	私	17	25	13	17	8	22	2	6	40	70	9	19
20	13%	18%	渋谷教育学園渋谷	東	私	13	16	2	3	4	4	1	4	20	27	7	9
21	13%	20%	早稲田	東	私	15	23	11	12	8	13			34	48	8	15
22	13%	26%	千葉（県立）	千	公	16	31	11	20	3	5	4	9	34	65	7	19
23	13%	22%	国立	東	公	9	15	11	13	8	18	8	9	36	55	6	18
24	12%	19%	芝	東	私	10	14	7	11	9	12	4	6	30	43	5	12
25	12%	20%	攻玉社	東	私	13	19	6	8	4	6			23	33	5	13
26	12%	31%	武蔵（私立）	東	私	9	20	3	8	3	9	1	4	16	41	3	10
27	11%	16%	横浜翠嵐	神	公	7	11	11	12	9	9	2	5	29	37	2	8
28	10%	14%	雙葉	東	私	9	10	2	2	5	7	2	2	18	21	1	5
29	10%	18%	湘南	神	公	14	21	12	15	2	8	2	2	30	46	1	9
30	10%	28%	西	東	公	9	24	9	14	11	31	3	15	32	84	3	15
31	8.8%	22%	日比谷	東	公	18	30	3	6	2	11	2	5	25	52	3	17
32	8.7%	18%	暁星	東	私	5	9	2	5		3	1	1	8	18	7	13
33	8.5%	25%	浦和（県立）	埼	公	14	40	7	11	5	14	2	7	28	72	3	21
34	8.4%	13%	横浜雙葉	神	私	5	6	2	2	3	4			10	12	5	12
35	8.2%	12%	大宮	埼	公	12	17	8	9	7	7	2	3	29	36	1	8
36	8.2%	16%	城北（私立）	東	私	11	16	8	12	3	6	1	6	23	40	6	17
37	8.0%	11%	白百合学園	東	私	4	5	2	3	1	1	1	1	8	10	6	9
38	8.0%	13%	穎明館	東	私	7	7	2	5					9	12	3	8
39	7.9%	16%	公文国際学園	神	私	8	11	1	1	1	1			10	13	3	13
40	7.9%	16%	桐蔭学園（中教）	神	私	4	9	3	4	2	4		1	9	18	5	11
41	7.7%	12%	鷗友学園女子	東	私	3	4	4	4	6	6		1	13	15	5	14
42	7.3%	7.3%	桜修館（中教）	東	公	4	4	4	4	2	2			10	10	1	1
43	6.5%	8.3%	浦和明の星女子	埼	私	3	3	2	3	6	6			11	12		2
44	6.3%	8.4%	東工大附属科学技術	東	国			12	15					12	15		1
45	6.0%	10%	戸山	東	公	4	10	9	12	3	3	2	3	18	28	1	4
以下都立のみ掲載																	
60	4.0%	6.2%	立川	東	公	1	2	9	11	3	4		1	13	18		2
62	4.0%	4.5%	両国	東	公	3	3	4	4	1	1			8	8		1
64	3.8%	12%	八王子東	東	公	2	5	4	10	4	14	1	4	11	33	1	6
66	3.5%	4.4%	白鷗	東	公	2	3	3	3	3	3		1	8	10		
67	3.1%	5.7%	小石川（中教）	東	公	4	4				2	1	1	5	7		2
69	2.9%	3.6%	青山	東	公	2	2	3	4	2	2	1	2	8	10		
88	2.4%	2.9%	武蔵（都立）	東	公			4	5					4	5	1	1
101	1.6%	2.6%	国分寺	東	公	1	1	3	3	1	4			5	8		
120	1.1%	1.4%	小山台	東	公			2	3			1	1	3	4		
127	0.9%	1.2%	新宿	東	公			3	3					3	3		1
137	0.7%	1.4%	日野台	東	公			2	2					2	2		2
173	0.4%	0.8%	小金井北	東	公		1	1	1					1	2		
174	0.4%	1.2%	国際	東	公		1		1	1	1			1	3		
175	0.4%	0.4%	井草	東	公			1	1					1	1		
179	0.4%	0.4%	文京	東	公			1	1					1	1		
181	0.4%	0.7%	大泉	東	公								1		1	1	1
190	0.3%	0.3%	小松川	東	公			1	1					1	1		
205	0.2%	0.2%	町田	東	公							1	1	1	1		
223	0.0%	0.6%	北園	東	公												2
228	0.0%	0.6%	富士	東	公						1		1		2		
234	0.0%	0.4%	晴海総合	東	公												1
236	0.0%	0.4%	竹早	東	公				1						1		
243	0.0%	0.3%	駒場	東	公								1		1		
244	0.0%	0.3%	南多摩	東	公				1						1		

校、公立が9校入っていますが、このうち都立は、**国立**、**西**、**日比谷**、**戸山**の4校に止まっています。

進学重点校の「難関大学」現役合格者は、7校合計で157人です。これは**開成**1校の人数におよびません。現役の数では都立はまだ強豪校の中堅に位置していますが、浪人を含む総数では、上位に迫る勢いが感じられます。

合格力を占有率で比べると?

左の**【表②】**では、合格者数を各校の卒業者数で割った「占有率」という物差しで合格力を比べてみました。

例えば、**開成**の「難関大学」現役合格者数は176人。一方、今春の卒業生はちょうど400人でした。

176÷400の計算を行って出た44%が、「占有率」です。首都圏1位の**開成**では、卒業生の44%が「難関大学」に合格したことになります。

首都圏の高校で**開成**に続いて「占有率」が高いのは、②**筑波大駒場**…43.6%、③**聖光学院**…43.4%、④**駒場東邦**…37%、⑤**栄光学園**…34%となります。

さて都立はどうでしょうか、**【表②】**で確かめてください。**国立**が13%、**西**が10%、**日比谷**が8.8%、**戸山**が6%となっています。そのほかの都立は下側の表に掲載しました。

■訂正■

9月号「大きく変化している首都圏の公立高校入試」の記事P69に埼玉の志願変更が1回になると記しましたが、2回のままで変更ありません。

高校入試の基礎知識

学校説明会に行こう
学校を見るポイント

このページは、受験生や保護者のみなさんに「高校入試の基礎知識」を学んでいただくためのコーナーです。今回は学校選びの重要なポイントである「学校説明会」に目を向け、学校に足を運ぶときのための基礎知識をまとめました。さあ、この秋、学校説明会を通して志望校を絞り込みましょう。

受験可能性がある学校の説明会にはすべて参加しよう

私立高校のなかには、春のうちから学校説明会を行っているところもありますが、首都圏ではほとんどの高校の学校説明会が、夏休み以降から11月ごろまでの間に集中しています。

また、近年では私立高校だけでなく、公立高校も、積極的に学校説明会を開催するようになっています。

学校説明会とは銘打たなくても「授業見学会」や「オープンキャンパス」などを行っている学校もありますし、授業見学を随時受け入れている学校もあります。このほか、さまざまな形態で、大小の「合同学校説明会」も開催されています。

これらの説明会日程は、各校ともすでにホームページなどで発表しています。まずは日程を確認して足を運んでみましょう。

とくに、説明会の回数が少ない学校は初秋に集中します。

志望校の説明会日程が重複してしまう場合もありますので、その日はどちらを優先するのか、早めの確認が必要です。

高校入学後に「こんなはずでは……」などということにならないためにも、受験可能性のある学校説明会へはぜひとも参加しておきたいものです。比較することによって学校を見る目も養われ、併願校を絞り込む際に重要なポイントにもなります。

校風や在校生の様子 交通の便や環境まで見る

さて、学校説明会に足を運んだ際、チェックすべきポイントについて話を進めます。

■校風

教育理念・目標、また、どのような生徒の育成をめざしているのか。面倒見はどうか、生徒の主体性に任せているか、逆に生徒に任せ過ぎてはいないか、校則は厳しいのか、学力だけでなく生活指導も充実しているか、「厳しい学校」なのか、「伸びのびした学校」なのかなどを確認しましょう。

もちろん大切なことは、校風が自分に合っているかどうかです。

中学生なら「自由な学校がいい」という人が多いでしょうね。しかし、それはどうでしょうか。

人から言われなくても自分で計画を立て勉強できるという生徒ならば、伸びのびとした「自由な学校」もよいのですが、逆に、自分で計画を立てて勉強するのが苦手ならば、補習や補講などが充実した、きちんと生徒1人ひとりの面倒を見てくれる学校の方がよいのではないでしょうか。

■在校生の学校生活

学校に行ったら、在校生の様子を

見てくることが大切です。活発で目が輝いているか、先生との距離は、服装、頭髪は、などを観察します。自分は、そういう生徒たちと友だちになれるか、という観点で見てみることです。

■授業時間と教育内容、カリキュラム

日々の課題や予習の量と内容、授業時間や時間割、始業時間と終業時間、また部活動の時間制限などを聞いてきましょう。

高校によっては日々の課題をたくさん出す学校があります。進学校のなかには、課題の量が中学校時代とは比較にならないほど多い学校もあります。

じつは高校生の悩みの大半が、課題の多さや授業の進度についていけないことにあるといいます。案内係の在校生に気軽に話しかけて確かめましょう。

■補習や土曜授業の有無

補習の実際、土曜をどのように活用しているか、国公立大コース、私大コース、理系・文系コースなどコース選択の実際や、各コースの大学進学対策を知っておきましょう。

■部活動・行事

部活動に力を入れているか、興味のある部活動があるか、設備は充実しているかなども重要です。

体験入学で部活動体験ができる学校もありますので、よく調べましょう。

学校行事では、体育祭の様子や修学旅行（国内、海外、その費用）、文化祭、合唱祭などの規模や楽しさなども確かめます。

■進学実績

大学への合格者数だけでなく、実際の進学実績を知っておきたいところです。私立大学の場合、1人でたくさんの大学を受験することが可能ですので、合格者数という数字は、ある意味あいまいです。

これらのことに限らず、学校説明会では、学校案内パンフレットには書いていない情報や資料を手にできることが多いものです。

■交通の便と立地環境

その学校が自分に合っているかどうかという点で、とくに重要なのが交通の便です。毎日通学するのですから、自宅から学校までの経路について、電車やバスの時刻表、乗り継ぎの良し悪しなどをチェックします。

また、学校の立地環境も重要です。周辺の様子（繁華街、ゲームセンター、危険な場所などの有無、騒音、自然環境など）はもちろんですが、文房具屋、書店、公立図書館は近くにあるかといったことも、高校3年の受験学年になれば大切になってきます。説明会の帰途、学校周辺を散策しながら見てみましょう。

■施設

校舎や教室、特別教室、図書館、自習室、体育館や武道館、グラウンドなどの一般教育施設・運動施設、コンピュータ室、部室、ロッカー、女子更衣室、食堂が充実しているか、また、毎日使うことになるトイレの清潔感もチェックしたいものの1つです。

Seize the day

自立した個人への道を、一歩ずつ、確実に。

■学校説明会

10月13日(土)　11月24日(土)
10月27日(土)　12月 8日(土)
11月10日(土)
11月17日(土)
14:00〜15:00

○全体会1時間(予定)、その後に校内見学・個別相談を受付順に行います。

■特待解説会 <要予約>

12月 1日(土)　14:00〜18:00
12月 2日(日)　9:00〜13:00

■個別相談会 <要予約>

11月25日(日)　9:00〜15:00
12月23日(日)　9:00〜15:00

■桜華祭（文化祭）

9月23日(日)　9:00〜15:00

○予約が必要な行事は本校webサイトにてご予約ください。　※学校見学は事前にご相談ください。

SAKURAGAOKA 1924

桜丘高等学校

〒114-8554 東京都北区滝野川1-51-12　tel：03-3910-6161
http://www.sakuragaoka.ac.jp/
mail：info@sakuragaoka.ac.jp
@sakuragaokajshs
http://www.facebook.com/sakuragaokajshs

・JR京浜東北線・東京メトロ南北線「王子」駅下車徒歩7〜8分　・都営地下鉄三田線「西巣鴨」駅下車徒歩8分　・都電荒川線「滝野川一丁目」駅下車徒歩2分
・「池袋」駅から都バス10分「滝野川二丁目」下車徒歩2分　・北区コミュニティバス「飛鳥山公園」下車徒歩5分

お便りコーナー サクセス広場

プールの思い出

部活がヨット部で、夏の平日の部活はプールで先輩達と**水球**をして盛りあがった！ 男女関係なく楽しめました♪
(中1・シーホッパーラブさん)

学校の水泳の検定で平泳ぎ100mに応募したつもりが、まさかの**200m泳ぐことに**なっていました!! 鬼の形相で泳ぎきりました…。
(中2・阿呆島馬鹿太郎さん)

5歳ぐらいのころにプールへ遊びに行ったときのこと。子ども用の浅いプールから大人用の深いプールに水中で移動しようとしたら、柵に頭を挟まれて**溺れそうになりました。** 危うく助かったのですが、いまでも思い出すと怖くなります。死ななくてよかった。
(中3・泳げないチーターさん)

プールの授業で、泳げないのを隠して必死に泳いだときに**初めて25m泳ぐことができた!!**
(中2・もぐりっこさん)

プールで友だちと暗くなるまで遊んでいたときのこと。**急に足をだれかに引っ張られて**、暗くてよくわからないので必死でもがいたら、じつは友だちのいたずらでした。
(中3・マジでビビったさん)

ウォータースライダーで**水着が脱げた!**（中1・滑りすぎ注意さん）

好きなスポーツ選手は??

楽天のマー君（田中将大選手）。笑った顔が友だちに似ているので好きです。
(中3・ゴリさん)

フィギュアスケートの**浅田真央**ちゃんです。キレイで可愛くて、演技が上手なので好きです。
(中2・Wアクセルさん)

横浜DeNAベイスターズのファンで、**三浦大輔**投手が大好きです。かっこよくてずっとチームを支えてくれているからです。
(中1・R.Nさん)

サッカー日本代表の**香川真司**選手です。イギリスの超名門チーム、マンチェスター・ユナイテッドに移籍するなんてマジですごすぎます！
(中2・うどん県さん)

レスリングの**吉田沙保里**選手が大好きです。プレッシャーとかいつもすごいはずなのに、オリンピックで何度も金メダル。尊敬します。
(中3・いつか私もさん)

男子バレーボールの**福澤達哉**選手。試合を見に行ったときにうれし泣きしちゃったほど好きです！ ファンレターも送りました!! 背が高くてイケメンで、言うことなし!!
(中3・コナピさん)

ペットの自慢話

うちのジョイ（**チワワ**）はなんの芸もできませんが**すごい可愛いのが自慢です!**
(中3・コンニチワワさん)

コップで**メダカ**を飼っていますが、すごく長生きです。**もう3年くらい生きてます!**
(中2・コッピーさん)

リクガメを飼っているのですが、私の飼っているギリシャリクガメは踊ります。ものにぶつかってよけようとする動きがまるで踊っているようで、カメ界ではそれを**リクガメダンス**と呼ぶみたいです。
(中2・ウナギさん)

うちの**インコ**は、鳥かごを掃除するときにかごから出しても、掃除が終わってもう一度入り口を開くと**自分で戻ってきます。**

募集中のテーマ

「最近みた変な夢」

「やめられない、とまらないお菓子」

「オススメ暗記法!!」

応募〆切 2012年10月15日

必須記入事項

A／テーマ、その理由　B／住所　C／氏名
D／学年　E／ご意見、ご感想など

ハガキ、FAX、メールを下記までどしどしお寄せください!
住所・氏名は正しく書いてください!!
ペンネームは氏名のうしろに(　)で書いてネ!
【例】サク山太郎（サクちゃん）

あて先

〒101-0047　東京都千代田区内神田2-4-2
グローバル教育出版　サクセス編集室
FAX:03-5939-6014　e-mail:success15@g-ap.com

ここにメールしてね!!

success15

ケータイから上のQRコードを読み取り、メールすることもできます。

掲載されたかたには
抽選で図書カードをお届けします!

挑戦!!

京《けい》北《ほく》高等学校

問題

1辺が6cmの正方形OABCがある。次の問いに答えなさい。

(1) 図1のように正方形OABCを頂点Oを中心に30°回転させた。斜線部分の面積を求めなさい。

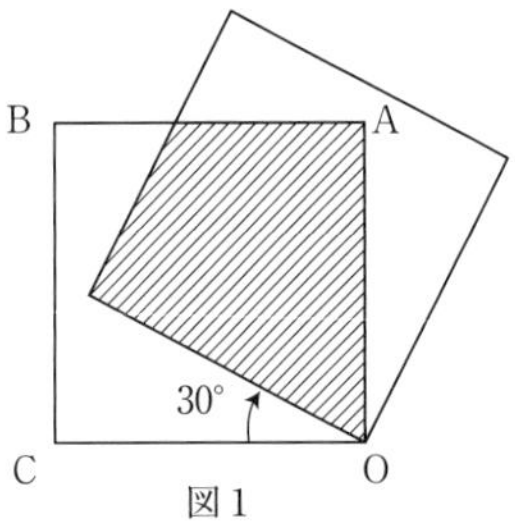

図1

(2) 図2のように正方形OABCを頂点Oを中心に45°回転させた。辺ABが通過する部分の面積を求めなさい。

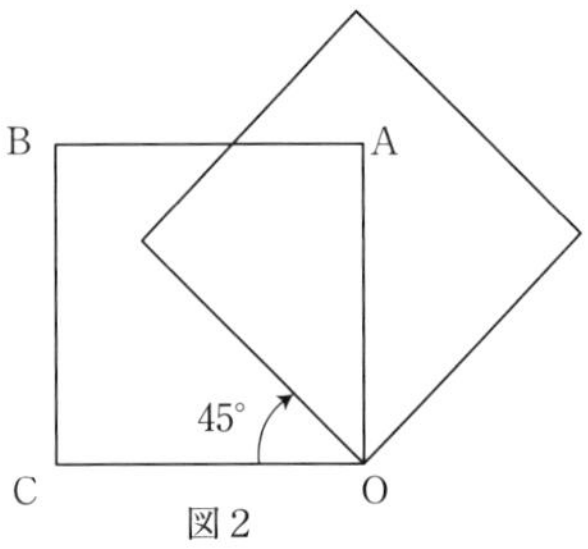

図2

解答 (1) $12\sqrt{3}$cm² (2) $\frac{9}{2}\pi$ cm²

- 東京都北区赤羽台1-7-12
- JR線「赤羽」徒歩9分、地下鉄南北線・埼玉高速鉄道「赤羽岩淵」徒歩10分
- 03-5948-9113
- http://www.toyo.ac.jp/keihoku/

学校説明会

10月28日（日）14:00～
11月18日（日）16:00～
11月24日（土）14:00～
12月 2 日（日）15:00～
12月 8 日（土）14:00～
12月15日（土）14:00～

京北祭

10月 7 日（日）10:00～15:00

駒《こま》澤《ざわ》大《だい》学《がく》高等学校

問題

放物線$y=x^2$上に点A（−1, 1）があるとき，次の各問いに答えなさい。

(1) 点Aを通る傾き1の直線が，再び放物線と交わる点をBとするとき，点Bの座標を求めなさい。

(2) △OABの面積を求めなさい。

(3) 線分OBに垂直で点Aを通る直線と，線分OBとの交点をHとするとき，線分AHの長さを求めなさい。

(4) △OABを，線分OBを軸として回転させてできる図形の体積を求めなさい。

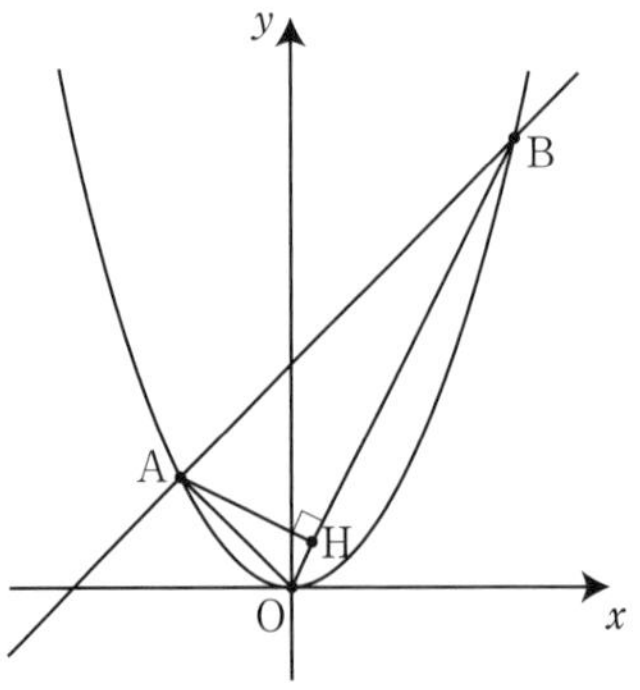

解答 (1) (2, 4) (2) 3 (3) $\frac{3\sqrt{5}}{5}$ (4) $\frac{6\sqrt{5}}{5}\pi$

- 東京都世田谷区上用賀1-17-12
- 東急田園都市線「桜新町」・「用賀」徒歩13分、小田急線「千歳船橋」バス
- 03-3700-6131
- http://www.komazawa.net/

学校説明会 予約不要

10月20日（土）14:00～
11月10日（土）14:00～
11月24日（土）13:30～
12月 1 日（土）14:00～

入試問題解説会（要予約）

10月 6 日（土）英語 10:00～12:00
10月20日（土）数学 10:00～12:00
11月17日（土）国語 10:00～12:00

私立高校の入試問題に

淑《しゅく》徳《とく》高等学校

東京都板橋区前野町5-14-1
東武東上線「ときわ台」・都営三田線「志村三丁目」徒歩13分
03-3969-7411
http://www.shukutoku.ed.jp/

問題

各文はある英単語の意味を説明したものである。(　) 内に入る適切な英単語を1語答えなさい。

(1) (　　　) is the season between spring and fall. It is the hottest season in Japan.

(2) A (　　　) is a person you go to see when you are sick or injured. He/She is in a hospital.

(3) (　　　) is the meal which you have in the morning.

(4) (　　　) is the color of lemons or bananas.

(5) The (　　　) is a building. Christians go there to pray.

解答 (1) Summer (2) doctor (3) Breakfast (4) Yellow (5) church

明《めい》星《せい》高等学校

東京都府中市栄町1-1
JR武蔵野線「北府中」徒歩15分、JR中央線・西武線「国分寺」・京王線「府中」徒歩20分
042-368-5201(入学広報室)
http://www.meisei.ac.jp/hs/

学校説明会

9月22日(土)10:00～ 明星の国際教育
10月13日(土)14:00～ 部活動相談
11月17日(土)15:00～ 生徒が作る説明会
11月25日(日)10:00～ 卒業生ディスカッション
12月2日(日)10:00～ 入試出題傾向・問題解説

問題

Ⅳ 次の各英文が日本文の意味になるように、(　　) に入る適当な1語を答えなさい。

1. 6月にはたくさんの雨が降ります。
We (　　　) a lot of rain in June.
2. もっと早く起きなさい。さもないと学校に遅れるわよ。
Get up earlier, (　　　) you will be late for school.
3. 私は韓国語と中国語のどちらも学びたい。
I want to study (　　　) Korean and Chinese.
4. その場所は花でおおわれていた。
The place was covered (　　　) flowers.
5. 初めのうちは、彼は担任が嫌いだった。
At (　　　) he did not like his homeroom teacher

Ⅴ 次の各英文が日本文の意味になるように、(　　) 内の語(句)を並べかえなさい。
ただし、文頭にくる文字は大文字で答えること。

1. その女性はレストランで誰に話しかけられたのですか。
(spoken / lady / was / the / by / to / who) at the restaurant?
2. あなたはどの電車に乗ればよいか知っていますか。
(train / take / know / which / you / do / to) ?
3. 私はすでに、英語で書いてある手紙を受け取りました。
I have (received / in / written / a letter / already / English) .
4. 彼は皆に名医として知られています。
(to / as / everyone / he / known / is) a good doctor.
5. これが先週の土曜日に彼が買った新しい自転車ですか。
(bicycle / this / bought / the / new / is / he) last Saturday?

解答 Ⅳ 1. have 2. or 3. both 4. with 5. first Ⅴ 1. (Who was the lady spoken to by) at the restaurant? 2. (Do you know which train to take)? 3. I have (already received a letter written in English). 4. (He is known to everyone as) a good doctor. 5. (Is this the new bicycle he bought) last Saturday?

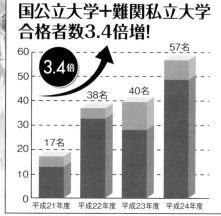

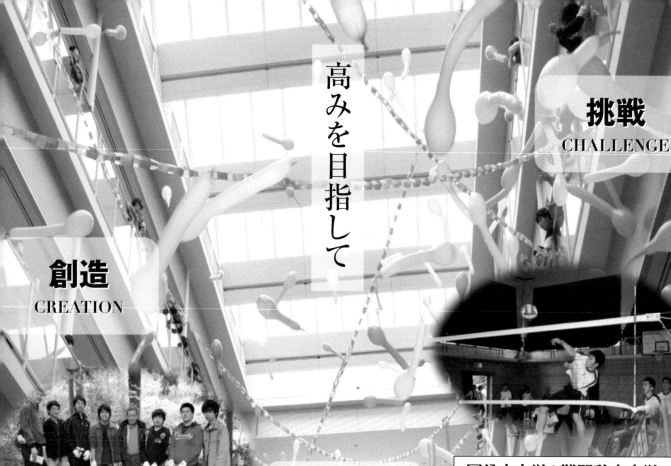

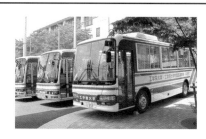

ご提案型の教育旅行会社って？

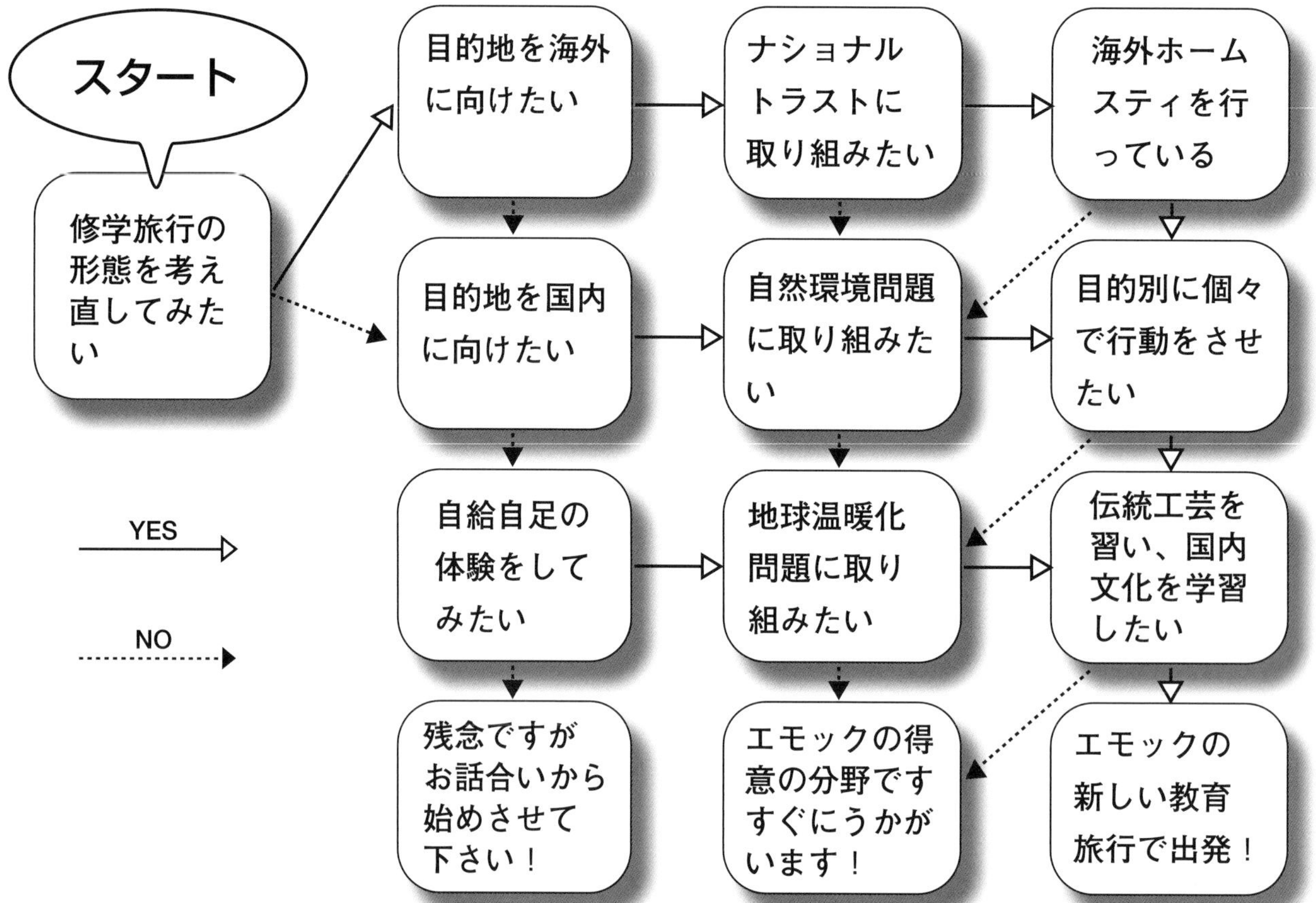
スタート
修学旅行の形態を考え直してみたい
目的地を海外に向けたい
ナショナルトラストに取り組みたい
海外ホームスティを行っている
目的地を国内に向けたい
自然環境問題に取り組みたい
目的別に個々で行動をさせたい
自給自足の体験をしてみたい
地球温暖化問題に取り組みたい
伝統工芸を習い、国内文化を学習したい
残念ですがお話合いから始めさせて下さい！
エモックの得意の分野ですすぐにうかがいます！
エモックの新しい教育旅行で出発！
YES
NO

従来の名所旧跡を訪ねる修学旅行から、最近ではさまざまなテーマを生徒個々または小グループごとにコンセプトメークしひとつの社会貢献の一環として、位置づける学習旅行へと形態移行しつつあります。

小社では国内及び海外の各種特殊業界視察旅行を長年の経験と実績で培い、これらのノウハウを学校教育の現場で取り入れていただき、保護者、先生、生徒と一体化した旅行づくりを行っております。

一例

- ●海、山、川の動物、小動物の生態系研究
- ●春の田植えと秋の収穫体験、自給自足のキャンプ
- ●生ごみ処理、生活廃水、産業廃棄物、地球温暖化などの環境問題研究
- ●ナショナルトラスト（環境保全施設、自然環境、道の駅、ウォーキング）
- ●語学研修（ホームスティ、ドミトリー、チューター付研修）など

[取扱旅行代理店]　**（株）エモック・エンタープライズ**

担当：山本／半田

国土交通大臣登録旅行業第1144号
東京都港区西新橋1-19-3　第２双葉ビル２階
E-mail:amok-enterprise@amok.co.jp

日本旅行業協会正会員（JATA）
☎ 03-3507-9777（代）
URL:http://www.amok.co.jp/

8月号の答えと解説

● 問題

Q 英語クロスワードパズル

カギを手がかりにクロス面に単語を入れてパズルを完成させましょう。

最後にａ～ｆのマスの文字を順に並べると、ある野菜の名前が現れます。それを答えてください。

1 a			2		3 f		4
			5				
6	7		d				
			8	9 b		10	
11	e	12					
				13			14
		15					
16				17	c		

ヨコのカギ（Across）

1 It rains ____ and dogs.
（土砂降りの雨が降る）
3 Three from ____ leaves seven.
5 ____lid（まぶた）
6 a ____ of scissors（はさみ1丁）
8 news ____
（報道価値，ニュースバリュー）
11 a dish ____（ふきん）
13 ⇔shut, close
15 ⇔daughter
16 She is ____ only beautiful but also clever.
（彼女は美しく、なおかつ頭がよい）
17 I ____ up in Kyoto.
（私は京都で育ちました）

タテのカギ（Down）

1 How about another ____ of tea ?
（お茶をもう1杯いかがですか）
2 奉仕する、(ボールを)サーブする
3 Will you ____ me the way to the station ?
4 They ____d the dog Shiro.
（彼らはその犬をシロと名づけた）
7 Tom came to Japan three years ____.
9 He is walking ____ the river.
（彼は川に沿って歩いている）
10 Can I ____ your telephone ?
（電話をお借りしてもいいですか）
11 Mt. Fuji is higher ____ any other mountain in Japan.
12 The sun sets in the ____.
14 I'm coming just ____.
（今すぐ参ります）

※【訂正】８月号掲載時点の問題では、タテのカギ11は「Mt. Fuji is higher____ **another** mountain in Japan.」となっていましたが、正しくは「Mt. Fuji is higher ____ **any other** mountain in Japan.」の間違いでした。ここに訂正いたします。

● 解答　CARROT（ニンジン）

解説

クロスワードを完成させると右のようになります。

C	A	T	S		T	E	N
U			E	Y	E		A
P	A	I	R		L		M
	G		V	A	L	U	E
T	O	W	E	L		S	
H		E		O	P	E	N
A		S	O	N			O
N	O	T		G	R	E	W

ヨコ3　10－３＝７です。
ヨコ8　value ＝価値、値打ち
ヨコ16　not only A but also B ＝Ａだけでなく Ｂもまた
ヨコ17　growの過去形
タテ3　駅への道を教えていただけませんか。
タテ7　トムは3年前に日本へ来ました。
タテ11　富士山は日本のどの山よりも高い。比較級＋than any other … ＝ほかのどの…より～
タテ12　太陽は西に沈みます。

中学生のための 学習パズル

今月号の問題

Q 熟語組み立てパズル

【例】 工・日・生・穴 …▶ | 星 | 空 |

① 八・木・刀・交 …▶

② 即・竹・周・言 …▶

③ 不・忍・口・言 …▶

④ 土・寸・日・日・門 …▶

⑤ 月・頁・亡・王・原 …▶

⑥ ノ・田・糸・米・且 …▶

⑦ 人・竹・内・力・月 …▶

⑧ 黒・目・木・犬・心 …▶

⑨ 十・十・日・月・頁・彦 …▶

⑩ 大・口・寸・心・身・言 …▶

例のように、バラバラになった漢字を組み合わせて漢字２字の熟語を作ってください。

最後に、できあがった10個の熟語を五十音順に並べたとき、一番あとにくる熟語を答えてください。

8月号学習パズル当選者

（全正解者58名）

★原田　寛貴くん（東京都江東区・中３）

★竹澤　星奈さん（千葉県千葉市・中２）

★日比野詠美さん（埼玉県さいたま市・中２）

応募方法

●必須記入事項

01　クイズの答え

02　住所

03　氏名（フリガナ）

04　学年

05　年齢

06　アンケート解答「リヒテンシュタイン展」（詳細は110ページ）の招待券をご希望のかたは、「リヒテンシュタイン展招待券希望」と明記してください。

◎すべての項目にお答えのうえ、ご応募ください。

◎ハガキ・ＦＡＸ・e-mailのいずれかでご応募ください。

◎正解者のなかから抽選で3名のかたに図書カードをプレゼントいたします。

◎当選者の発表は本誌2012年12月号誌上の予定です。

●下記のアンケートにお答えください。

A今月号でおもしろかった記事とその理由

B今後、特集してほしい企画

C今後、取りあげてほしい高校など

Dその他、本誌をお読みになっての感想

◆2012年10月15日（当日消印有効）

◆あて先

〒101-0047　東京都千代田区内神田2-4-2

グローバル教育出版　サクセス編集室

FAX：03-5939-6014

e-mail:success15@g-ap.com

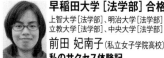

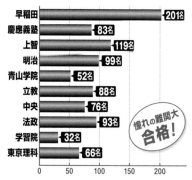

医学部へ一人ひとりをナビゲート！

医歯薬専門予備校 野田クルゼ 主催「メディカル・アカデミー」

私立医系大多数参加（詳しくは裏面参照） 医大入試担当者による

医系大の最新情報が満載!!

個別入試相談会＆医系大講演会

医大の入試担当者と1対1で入試アドバイスが受けられる

大学別・個別入試相談会

各大学の特徴や教育理念、入試傾向などを入試担当者から聞けるチャンスです。入試担当者が求めている生徒像や実際の入試問題のポイントなど普段ではなかなか聞き出すことのできない情報を聞き出しましょう!また、当日は各ブースで資料配布も予定しております。お誘い合わせの上、ぜひご来場ください。

参加医系大学

●岩手医科大学 ●東邦大学 医学部 ●東京女子医科大学 ●日本歯科大学
●愛知医科大学 ●北里大学 医学部 ●福岡大学 医学部 ●東京歯科大学
●兵庫医科大学 ●近畿大学 医学部 ●藤田保健衛生大学 ※昨年の参加大学

医学部受験のプロに悩みを直接相談!!

野田クルゼ 医学部受験相談会

医学部受験に関する経験豊富な野田クルゼの教務スタッフと各教科エキスパート講師陣が、医学部受験についての悩みにお答えします。これからの学習の方法や志望校対策など、何でも相談して下さい。皆様のご来場をお待ちしております。

大学の入試担当者による

医学部・歯学部講演会

名門私立医大の入試担当者が各大学の最新の入試情報や医療問題などを、わかりやすく授業形式で30分程度に凝縮して講演いたします。この講演でしか聞くことができない情報が満載の講演です。受験生はもちろんのことこれから医学部を目指す方も、ぜひご参加ください。

開催日時

10/21(日)

13:00～17:00

場所

東京グリーンパレス

〒102-0084 東京都千代田区二番町二番地
Tel.03-5210-4600(代表) Fax.03-5210-4644

■交通アクセス■
東京メトロ有楽町線「麹町駅」5番出口 ……徒歩 1分

9月生募集 | 日曜集中特訓 | 最難関医学部を目指す ライバルだけが集う「競い合う空間」

医学部必勝講座

高3対象（有料講座） 1ヶ月に3回／英語・数学・理科・国語・チェックテスト（化学・生物・物理）

高2・高1対象（無料講座） 1ヶ月に1回／英語・数学・チェックテスト

最難関医学部必勝講座（選抜クラス） ▶ **千葉大、筑波大、医科歯科大** などを中心に受験を考えている皆さんのためのクラスです。

難関医学部必勝講座（オープンクラス） ▶ **私立大医学部** を中心に受験を考えている皆さんのためのクラスです。

医系受験指導42年の伝統と実績を誇る野田クルゼのエキスパート講師が、最速・最短の方法で現役合格に導くプロジェクト。それが「医学部必勝講座」です。講義⇒演習⇒試験というサイクルにより、あいまいな理解から生じる些細なミスを無くし、入試において高得点を狙える学力を定着させます。同時に、難易度の高い入試問題を扱いながら、現役生に不足している実践的な問題演習を行います。この講座で最難関医学部現役合格の夢をかなえましょう！

説明会・選抜試験 10/14(日) 無料

対象 ▶高1～高3
説明会 ▶13:00～14:00
選抜試験 ▶14:15～17:00（英語・数学・理科）
場所 ▶野田クルゼ現役校

高3対象：最難関医学部必勝講座／難関医学部必勝講座　タイムテーブル（例）

	9:00～10:30	10:45～12:15	13:00～14:30	14:45～16:15	16:20～17:20	17:30～19:00
1回目	英　語	英　語	物理／生物	物理／生物	英語チェックテスト	
2回目	数　学	数　学	化　学	化　学	数学チェックテスト	センター国語
3回目	英　語	数　学	物理／生物	化　学	理科チェックテスト	

高2・高1生対象：最難関医学部必勝講座 タイムテーブル（例）

	10:00～12:00	13:00～15:00	15:10～16:10	16:20～17:20
1回目	英　語	数　学	英語試験	数学試験

他予備校との併用もできる　医学部受験指導のスペシャリストによる

医学部専門個別指導 Medical 1 メディカル・ワン

全学年対象

個別のみ　受験勉強のスタートを個別集中特訓で、無理なく!無駄なく!
がんばるキミを応援します。エキスパート講師に全て任せてください。

クラス併用　クラス授業との併用でスムーズな導入を!
クラス授業を初めて受講することに不安のある方にも、個別指導でのフォローアップがあれば万全です。

Point1 医学部受験指導のスペシャリストが1対1で指導

Point2 あなただけの完全フルオーダーカリキュラム

Point3 苦手科目や弱点となる単元の超短期克服

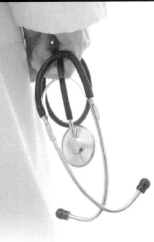

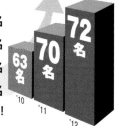

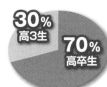

アート

リヒテンシュタイン
～華麗なる侯爵家の秘宝～

10月3日(水)～12月23日(日・祝)
国立新美術館

クララ・セレーナ・ルーベンスの肖像 ペーテル・パウル・ルーベンス 1616年頃 油彩／板で裏打ちしたカンヴァス ©LIECHTENSTEIN, The Princely Collections, Vaduz-Vienna

「リヒテンシュタイン展」の招待券を5組10名様にプレゼントします。応募方法は105ページを参照。

ヨーロッパ貴族が集めた秘宝の数々が明らかに

リヒテンシュタイン侯国の元首であるリヒテンシュタイン家が約5世紀にわたって収集してきた美術品のなかから139点が日本で初めて公開される。ルーベンスの作品10点が一挙公開されるほか、ラファエッロや、レンブラントといった巨匠たちの名画、そして、ウィーンの夏の離宮での展示様式を取り入れた「バロック・サロン」には美術品と家具調度品などが一堂に展示され、華やかなバロック時代の雰囲気を体感できる。

アート

ブラティスラヴァ世界絵本原画展
～広がる絵本のかたち～

9月8日(土)～10月21日(日)
千葉市美術館

チョ・ウンヨン『はしれ！トト』より 2010年 ©Eun young Cho

世界各国の多彩な絵本原画が一堂に

スロヴァキア共和国の首都ブラティスラヴァで2年ごとに開催されている「ブラティスラヴァ世界絵本原画展」は世界最大規模の絵本原画コンクールとして知られ、世界各国から完成度の高い作品が集まっている。この展覧会では、2011年に開かれた同コンクールでグランプリをはじめとする受賞作品、同展に出品された日本人作家の作品などが展示され、世界各国の多彩な絵本原画を楽しむことができる。

サクセス イベント スケジュール
9月～10月
世間で注目のイベントを紹介

お祭り

神楽坂 まち飛びフェスタ

10月13日(土)～11月3日(土)
神楽坂

神楽坂から発信される手作り文化祭

明治から昭和にかけて、魅力あふれる文化発信の街としての役割を果たしてきた神楽坂。現在でも古典から現代的な文化層まで、独自のバランス感覚が魅力の1つとなっている。伝統とモダンが交差した神楽坂らしさを継承して行われるお祭りが「神楽坂まち飛びフェスタ」だ。神楽坂在住もしくは神楽坂のことが好きなボランティアの方々によって運営され、期間中はさまざまなイベントやギャラリー展示が行われる。

アート

万華鏡展
～色彩が織りなす夢幻空間～

2012年9月15日(土)～9月30日(日)
Bunkamura Gallery

デュレット

筒のなかに広がる夢幻の世界

スコットランドの科学者ディヴィッド・ブリュースターが実験の途中で万華鏡を発明したのが1817年。それから200年近いときを経た現在、木工・ガラス工芸など専門技術が取り入れられ、万華鏡はおもちゃとしてだけでなく、芸術品としても注目されさまざまな発展を遂げている。この展覧会では国内外の現代を代表するアーティストの新作、限定品を中心に500点以上の万華鏡が展示される。

＜コーナー名＞

＜本文中記事＞

編集後記

今年の夏はロンドンオリンピックに釘付けになった人も多いと思います。しかし、思いのほかオリンピックにはまってしまって勉強が…という人もいませんか？　そんなときこそオリンピックを思い出しましょう。友だちが勉強しているあいだ、オリンピックを見てしまったかもしれないけれど、みなさんはそこから刺激ややる気をもらったはずです。それを活かさない手はありません。夏休みも終わり、3年生のみなさんはもう受験まで一直線です。オリンピックは4年に1度ですが、高校受験は一生に1度です。メダルをめざしひたむきに戦っていた選手を思い出し、残暑の暑さに負けず、志望校合格への熱い思いを持って頑張ってください。（Y）

Information

『サクセス15』は全国の書店にてお買い求めいただけますが、万が一、書店店頭に見当たらない場合は、書店にてご注文いただくか、弊社販売部、もしくはホームページ（下記）よりご注文ください。送料弊社負担にてお送りします。

定期購読をご希望いただく場合も、上記と同様の方法でご連絡ください。

Opinion, Impression & etc

本誌をお読みになられてのご感想・ご意見・ご提言などがありましたら、ぜひ当編集室までお声をお寄せください。また、「こんな記事が読みたい」というご要望や、「こういうときはどうしたらいいの」といったご質問などもお待ちしております。今後の参考にさせていただきますので、よろしくお願いいたします。

サクセス編集室
TEL 03-5939-7928
FAX 03-5939-6014

高校受験ガイドブック2012⑩ サクセス15

発行　2012年9月15日　初版第一刷発行
発行所　株式会社グローバル教育出版
〒101-0047 東京都千代田区内神田2-4-2
TEL　03-3253-5944
FAX　03-3253-5945
http://success.waseda-ac.net
e-mail　success15@g-ap.com
郵便振替　00130-3-779535
編集　サクセス編集室
編集協力　株式会社 早稲田アカデミー

Success15
10月号

Next Issue

11月号は…

Special 1

脳科学者に聞く効率的な記憶術

Special 2

変わった行事・おもしろい行事

School Express

成城高等学校

Focus on

神奈川県立柏陽高等学校

9784903577081

1926037008002

ISBN978-4-903577-08-1

C6037 ¥800E

定価：本体800円+税

グローバル教育出版

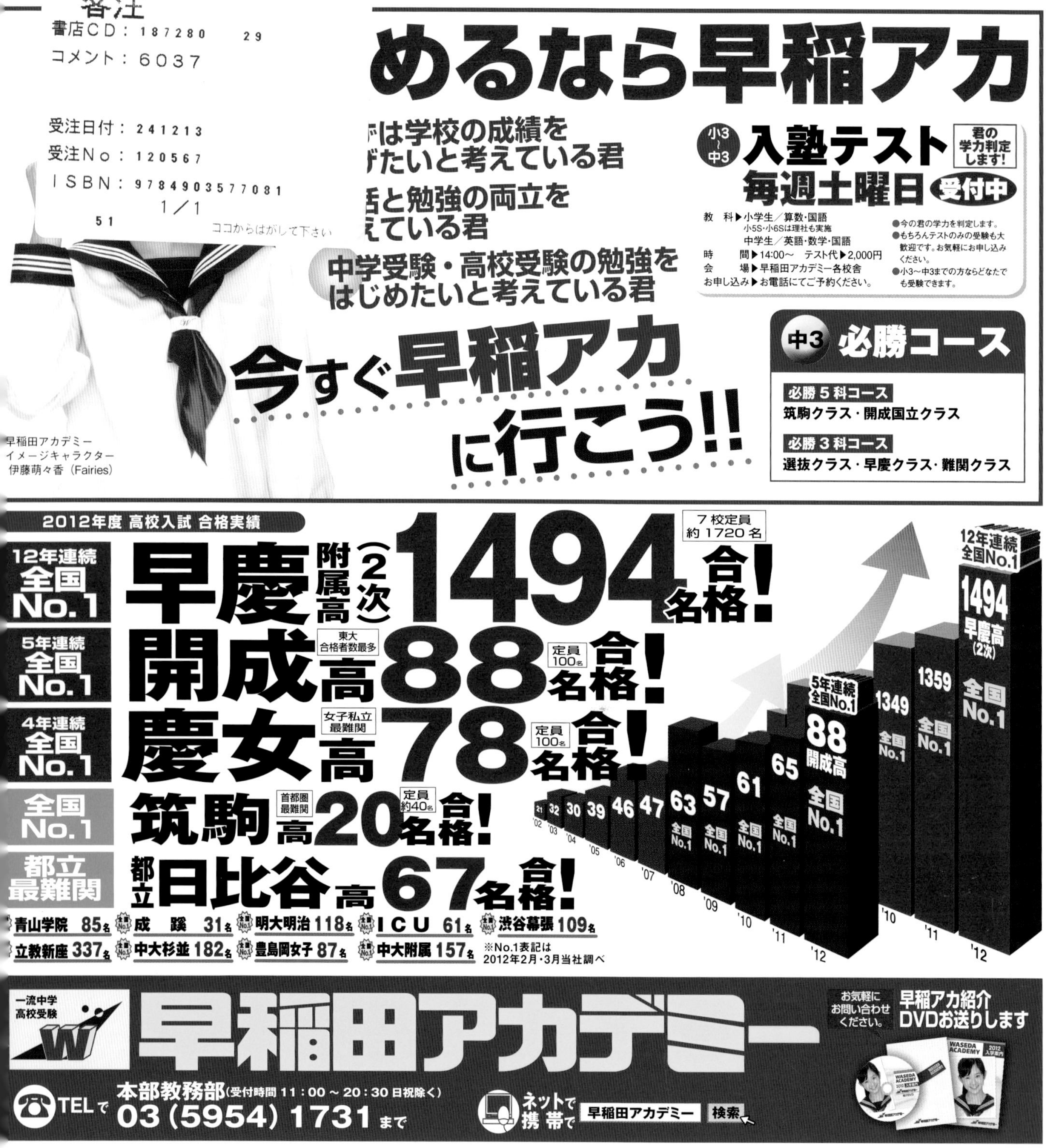